教育公平

大夏书系·西方教育前沿

兰德尔·林赛 等 著
卢立涛 刘小娟 高峰 译

Equity

华东师范大学出版社
全国百佳图书出版单位

The Best of Corwin: Equity / Randall B. Lindsey / 2012

English language edition published by Corwin Press, A SAGE Publications Company of Thousand Oaks, London, New Delhi, Singapore and Washington D.C., © 2012 by Corwin Press.

Simplified Chinese translation copyright © 2015 by East China Normal University Press Ltd.

All Rights Reserved.

上海市版权局著作权合同登记 图字：09-2012-902 号

目　录

译者前言（卢立涛　刘小娟　高　峰）……………………………………1

序（兰德尔·林赛）……………………………………………………………1

第一部分　致所有教育工作者

第一章　文化精通性工具（德洛雷斯·林赛　琳达·琼沃思　贾维斯·帕尔　兰德尔·林赛）……………………………………3

　　本章对文化精通性的四种工具——克服文化精通性障碍、文化精通性指导原则、文化精通性连续体、文化精通性的五大基本要素进行了界定与详细阐释。对首次接触文化精通性的读者而言，这些描述为他们提供了一个了解各种相关术语、工具的概览。

第二章　为什么存在种族问题？（格伦·辛格尔顿　柯蒂斯·林顿）……………………………………………………………………21

　　本章对种族问题及其对学生学业成就差距的影响进行了深入的剖析，提出所有教育工作者为所有学生而教的责任，并为缩小各种族学生学业成就差距提供了范例，最后对种族主义、制度性种族主义、反种族主义、公平等种族问题的相关术语进行了界定与统一。

第三章　墙纸效应（露丝·约翰逊　罗宾·阿韦拉·拉·萨尔）……53

　　本章对数据在促进学校与学区教育公平中的五种潜

在作用进行了描述，指出了探究学校及学区中学生学业成就不良现象时，仅关注重大测试成绩数据的不足。之后，引入了本章的重要概念——"墙纸效应"，强调了巧妙地揭开数据的"墙纸"，揭示造成或加剧教育不公平现象的教育实践、项目以及政策的必要性。

第四章 师资力量公平（琳达·斯卡拉　凯瑟琳·贝尔·麦肯齐　詹姆斯·约瑟夫·谢里奇）……93

本章提出了教师素质的四项指标：教师所受教育、教学经验、教师流动性以及教师资格认证情况，为我们了解一所学校中不同群体学生获得最优师资的机会公平与否的模式提供了清晰易懂的阐述，同时为我们检查、了解一所学校或者一个学区师资分配公平情况提供了分析框架。

第二部分　致所有科任教师及其支持者

第五章 通过策略化教学帮助多元化背景的学习者（邦尼·戴维斯）……105

在本章中，作者结合自身的教学经历与已有的研究成果，对良好教学的特征进行了总结，并提出了面向多元化学习者的教学策略与教学活动建议。

第六章 多元化与权力（卡尔·格兰特）……117

本章首先对"多元化"进行了定义，并对教师了解多元化、肯定多元化的必要性与意义进行了阐述，在此基础上，从权力关系的角度，从前人所构建的相关框架出发，阐释了促进教育多元化的行动，以及形成权力认识的过程与表现。最后提出了肯定班级与社会权力结构的多元化的具体活动建议。

第七章 强者生存（盖尔·汤普森）·········137

　　本章从教师的来信以及相关数据入手，提出了课堂管理的重要性与难度，重点论述了有效课堂管理的十条基本原则。在此基础上，结合与有色人种学生相关的真实的课堂管理案例，剖析了教育工作者在课堂管理过程中，对有色人种学生所抱有的种族偏见以及一些不恰当的做法。

第八章 建立家校联系（孔查·德尔加多·盖坦）·········159

　　本章对有多元文化背景的家长积极参与学校事务的阻碍因素进行了深入的剖析，并对"家长参与"的五大领域进行了界定，同时以拉美裔家长委员会的成功实践为例，向读者展示了在多元文化环境中建立家校联系的有效方法。

第三部分　结语

第九章 启发性反思（富兰克林·坎贝尔琼斯　布伦达·坎贝尔琼斯　兰德尔·林赛）·········179

　　作为本书的结语部分，本章回到教育工作者对自身道德、基本信念的反思中来，回到维护教育公平的根基上来。与开篇呼应，本章再次强调了文化精通性工具的重要性，突出了教育工作者在思想道德层面作出根本转变，从而通过由内而外的彻底变革，为每位孩子提供公平、优质教育的重要性。

作者简介 ·········183

参考文献 ·········189

译者前言

卢立涛 刘小娟 高　峰

从2000多年前我国古代大教育家孔子提出"有教无类"的朴素教育民主思想到古希腊先哲柏拉图在《理想国》中闪现的教育公平思想的光辉，从近代民主先驱为争取平等教育权的呐喊再到当下世界各国为维护与促进教育公平的各项创举，不同时期，"教育公平"的内涵各有不同，从古至今，东西方对教育公平孜孜不倦的探索与追求从未停歇。

本书由选自科文书社（Corwin）出版的一系列在教育公平问题研究领域颇有影响力的专著中的章节构成，作者多为拥有丰富的基础教育教学经验或教育管理经验的高校研究者与教育咨询工作者。本书从多元文化的视角对教育公平问题进行了鞭辟入里的论述，同时力避泛泛而论，紧密结合教育实践，在一定实证调查的基础之上，揭示出美国不同种族、不同社会经济阶层学生群体之间存在的学业成就差距及其症结所在。并且进一步从教育公平问题研究中的相关数据的运用、课堂教学与管理、家校合作等角度，为促进教育过程中不同利益相关者之间的坦诚对话，以提升各群体学生的学业成就，缩小不同学生群体间的学业成就差距，促进教育教学实践中公平问题的解决提供了各种可资借鉴的方法与策略。

本书以中小学教师、校长与教育管理者、教育研究者为主要阅读对象，将教师与教育管理者对自身教育教学思想与实践的批判性反思放在了突出位置。在行文方面，力求学术研究的逻辑严密性，同时避免了晦涩深奥的学术语言。书中穿插着各种鲜活的教育教学实例与启迪读者智慧的问题及活动建议，对教育工作者有着重要的理论参考与实践示范价值。

在与一位美国朋友谈及本书的翻译时，他意味深长地说："无论身在何方，公平问题都同样存在。"发达如美国，依然存在着各种教育公平问题，不禁令人触目惊心。近年来，"教育公平"一词在我国的各教育政策文件中频频出现，2010年我国颁布的《国家中长期教育改革和发展规划纲要（2010—2020）》在工作方针与发展任务中更是提出了将教育公平作为国家基本教育政策，切实缩小校际差距、城乡差距与区域差距的要求。虽然我国的社会与文化背景与美国不同，但两国在教育公平领域面临着许多共性问题。本书中提出的教育公平的认识视角与处理策略、方法，无疑对我国城乡、区域教育公平，民族教育公平，性别教育公平等问题有着很大的启迪与借鉴意义。

全书由北京师范大学教育学部的卢立涛副教授、北京师范大学朝阳附属中学的刘小娟老师翻译，北京科技大学文法学院的博士生高峰参与了后期书稿的翻译和校对工作。

由于译者自身水平有限，虽然在整本书的翻译过程中投入了巨大的热情，但是对美国教育文化背景的一些细致之处仍然缺乏很好的把握，若在译文中存在不准确之处，诚请广大读者批评指正。

2014年4月于北京

序

兰德尔·林赛

本书的各位作者有着这样一个共同的核心特征——致力于为我们学校中的所有儿童、青少年与成年学习者创办更具有包容性并且更为成功的教育。关于如何规避和克服学生学业成就障碍，每一位作者均有其独特的视角，这些独到的视角丰富了本书的内容。所选章节体现了各位作者为改善教育工作者的生活，从而改进其所服务地区的教育而开展的学术研究以及提出的创新理念与具体的实践策略。

本书展现了积极投身于教育公平事业的教育实践工作者、专家学者与学术团体（经常是同一个人）所做的工作。每一位作者均凭借自身的努力成为了社会公平领域中的权威，并为该领域作出了巨大贡献。他们因其在为以往被忽视群体的服务中所取得的成就，与推动学校体制变革，促进学校及时对儿童、青少年以及社区的社会与教育需求作出积极反应中所发挥的影响力而受到尊敬。

在美国与加拿大，学校系统（包括公立、私立及教区学校）是所有学生，尤其是那些以往受到排斥、被边缘化的学生，成为全面参与社会生活的公民的最佳途径。从某种角度来讲，我们两国过去所存在的问题得到了成功的应对，长期以来各级教育工作者与政策制定者讳莫如深的学生学业成就差距问题如今已然成为了一个焦点话题，并且我们正成功地处理着这些问题，不断地取得进步，尽管前进之路并不平坦。最近几年，用以描述克服学生教育平等障碍的语言已经由民权运动以及与废除种族隔离、促进种族融合基本原则中应运而生的法律术语，逐步转变为多元化、公平、包容性以及机会平等等内涵更为广泛的词语。无论当下使用何种说法，身为民主社会中的教育工作者与公民，我们始终应当以缩小学生机会平等与学业成就差距为己任。虽然取得的进步可喜可贺，但我们依然任重道远。有时，这些工作需要教育工作者学习所需的相关知识、技能，以便在学校管理者、教师及辅导员的文化不同于以往工作学校的学习共同体中工作时取得成功。教育工作者们所面临的更多挑战是，他们需要更为深入地看到，我们所接触的各个社区与文化群体，是值得并且应当受到高质量教育的。我记起了一位同事，他提到了自己最近与一名学区管理者的对话，这位管理者对于"应对多元化问题"不感兴趣，因为学区全年的工作重点都不得不放在了缩小学生学业差距上。显然，要实现当下"所有学生都能学"的老生常谈向"所有教育工作者都能教所有学生"的新理念的转变，我们还有漫长的路要走。

过去十年中的"绩效责任运动"（Accountability Movement）的一大贡献就在于让学生之间教育机会与学业成就差距得以曝光。相互"推诿扯皮"的游戏已经结束，我们必须共同发挥自身的作用，促进大家对各种差距的存在拥有清醒的认识，并使个人与集体都能学会更有效地缩小这些差距。这些差距，已经在有关种族、民族、性别以及社会阶层的数据中得以体现，并非什么秘密。这种差异常常被描述成阅读或数学成绩上的差距。然而，当特定学生人群在特殊教育项目、英语语言能力培养项目中比例过高，或是在资优班与英才班中比例过低时，情况便大不相同了。本书在实现教育机会均等和包容差异方面向读者展示了专家所使用的各种方法与策略。

本书所选章节分为三部分：对所有教育工作者均非常重要的部分，直接面向教师与教师支持者的部分，以及为各位读者提供反思自身实践机会的结语部分。

我衷心地希望，这些内容能够启发、激励、挑战大家开始用一种批判的眼光对自己的个人信念体系与教学实践，以及所在学校和学区的政策、培养项目和实践做法进行审视。进行个人反思与同事间的对话交流是建设社会公正性学校的必要步骤。

第一部分
致所有教育工作者

第一章
文化精通性工具[①]

德洛雷斯·林赛　琳达·琼沃思
贾维斯·帕尔　兰德尔·林赛

> 我见过的大多数人都希望能在其所在的组织、社区和个人生活中建立更为和谐和令人满意的关系。可是我们也许并未意识到，这种愿望只能通过个人积极融入新颖而又陌生的共同体中才能实现。
>
> ——玛格丽特·韦特利

聚　焦

玛格丽特·韦特利（Margaret Wheatley，2001）邀请我们作为教育工作者，先放下自己认为理所当然的一些事实，相互依靠去寻找我们通往新发现与新认识的途径。她启发我们意识到，我们无法独自实现我们的学习目标，我们需要彼此，在当下复杂的教育环境下，尤为如此。为了满足这一需求，许多教育工作者纷纷建立起实践与学习共同体。教育学习共同体包括教师、学校管理者以及学校合作伙伴，他们带着对自身专业发展的执著追求以及对其工作清晰的认识聚集到一起，进行持续不断的研究、反思、对话与学习（Hord & Sommers，

[①] 本章原为 *Culturally Proficient Learning Communities: Confronting Inequities Through Collaborative Curiosity* 一书的第一章。另外，由于本书各章是原文照录各位作者专著的内容，行文中若有"本书""整本书""本章""前面某一章"等字眼均指原专著及其章节，而不是指本书的章节编排，特此说明。——译者注

2008）。花几分钟时间反思一下你现在作为教师、学校管理者、辅导员、专业学习研究专家或是学校共同体合作伙伴的角色吧。

当你反思你的角色时，你对前文所引的韦特利的一段话作何感想呢？学习共同体是如何帮助你实现你的专业发展目标的呢？在你目前所在的共同体中，谁可能会从你的参与中获益呢？你从你所在的共同体中获得了什么？你又给你所在的共同体带来了什么呢？在你目前所处的环境下，学习共同体是否得到了正式的界定呢？你现在参加的是何种学习共同体呢？可以在下面记录下你的想法或想问的问题。

_____

_____

_____

_____

学习共同体的形式多种多样，一直是我们在学校工作的过程中不可或缺的一部分。这里有所不同的是，我们希望创建的是致力于提升学生表现与成就的学习共同体。本章将为你介绍"文化精通性工具"（Tools of Cultural Proficiency）与专业学习共同体（professional learning communities, PLCs）特征之间的关系。"精通不同文化的个体能够清楚地意识到自身关于多元化的价值观、信念，并且同时深谙组织机构内的行为、政策及实践"（Lindsey et al., 2007, p.34）。高效的专业学习共同体成员能够深刻地理解他们所在共同体的包容性本质，并通过依靠共同体成员的多元化去创造或者分享他们的愿景、使命以及进行集体学习。本章的主要目的在于描述文化精通性工具的基本框架，供共同体成员参考，从而制定并逐步实现提高以往学校缺乏关注的学生学业成就的目标。

创建文化精通性学习共同体

如今，学习共同体在学校中非常普遍，有着各种各样的新名称。其中一些被称作"专业学习共同体",也有的不那么正式,直接使用它的首字母缩写称其为"PLC",还有的将其描述为"小型学习共同体"。其他一些则是采用年级或系别的名称,例如"三年级学习共同体",或者"自然科学系学习共同体"。简言之,共同体成员间的集会也许能够促进学习型对话的产生,但这并不能代表学习共同体真正完成的工作。请阅读下面几个片段,在阅读时,要特别注意自己的想法和反应。

- 你的一位同事非常热衷于介绍一项在她的课堂上应用效果良好的新教学策略,她在你的教室旁停下来和你交谈,并分享她的经验。在这番热情洋溢的对话中,你明白了如何在自己的课堂中运用她所分享的这项策略。然而,到了下个月,你似乎总找不到时机来运用这项策略。

- 在你所在年级或系的每月例会上,作为该部门教师,大家正在审查特殊教育所招收的男生是否超出比例的问题。所获得的数据引起了你们当中一些同事的兴趣,他们提出了一系列的问题让大家去寻找答案和可供利用的资源。可当你们主动提出与行政管理助理和辅导员共同制订下一学年的课程表时,却被悄悄地告知:"我们没有足够的时间去召开必要的会议解决你们的问题,而且,我们必须保证我们特殊教育的教职工明年都有自己的教学任务。从这一方面讲,我们需要这些学生,这些学生也需要我们特殊教育的教师。"

- 你所在学校的学生倾向于对别的同学作出盲目、偏执的评价。你和你的同事意识到存在需要解决的潜在问题,并且希望参与到学校层面采取的措施中去,与学生、学生家长以及教职工共同研究相关问题,从而最终找到对学生以及其他各方作出回应的有效方法。

- 你参加了一些专业发展研讨会或大学课程的学习,了解如何解决特定群体学生(如美国非裔男生、学理科的女生、英语非母语者)的学业不良问题。而负责主持或讲授这些研讨会与课程的专家,在以往的教学经历中所面向的学员均与他们自己属于同一人种群体。

- 你们所在的年级团队决定研究特定群体学生的学业表现数据,并赞成重视各种教学策略的使用,以更好地满足学生的需求。

当你看到这些片段的时候,产生了哪些想法与感受呢?花一点时间思考一下你当时的反应。在这一系列的事件中,你从哪里能发现学习机会?注意不要去描述人物和所发生的事情,而要描述出你作为一名教育工作者,或者你的学校能够获得的学习机会。可以在下面记录你的思考情况。

_____

_____

_____

_____

身处学习共同体并不能保证学生学业成就的提高。文化精通性实践能够帮助学习共同体成员反思自身的价值观和信念,以及他们所在组织关于如何与学生、学生的家人以及所在社区交流互动的政策与实践。目前学校中形成学习共同体的例子与机会不胜枚举。教育工作者们受到了各种共同体的邀请与鼓励,并在参与过程中被分配了任务。这些共同体既包括一些传统的小组与团队,如系级小组、年级小组、教研小组与学校领导团队,也包括较新的小型学习共同体、企业机构、学生家长与专业性学习共同体等。

我们建议共同体成员自发地对自身的思想、存在的预设以及行为进行仔细的审视。事实上,通过这种"自内而外"的方法,能够引入文化精通性实践,影响并显著改变学生成绩、教师表现,教育管理者与家长的投入,以及学校共同体的参与和支持,从而实现我们对当下环境的干预。并且我们认为,抓住"自内而外"的干预机会是我们力所能及的。下文展示了一些可供采取的"自内而外"的干预措施。

- 班级:教育工作者个体能够更好地意识到自身的价值观、信念以及行为。他们重视学生之间的互动,教育工作者之间的互动,以及他们对学生与同事的各种反应。例如,教育工作者对他们之间文化知识差距的意识程度，他们对学生以及同事在本质上也许是文化的行为的各种反应，以及他们和同事对致力于设计出学生熟悉的教学事例的学生社区的了解程度。

- 工作会议：教育工作者们在工作会议中形成其集体的价值观、信念、乐观主义精神、效力与行为。例如，教育工作者们正式和非正式谈话在多大程度上是以学生、学长或监护人为中心的，他们将围绕这三者的探讨视为其自身文化学习的途径，还是教育问题的来源。
- 领导层会议：教育管理者以及教师领导者们展现出的价值观、信念以及行为。例如，包含文化（学校组织文化以及学生文化）的行为是包括专业发展会议在内的常规会议的组成部分。
- 董事会会议：组织的政策与实践。不断检查涉及各方利益相关者的地区以及学校政策与实践，以保证这些政策能够响应多元化社区的各种需求。这种检查对正在经历人口变化的学校和地区尤为重要。学生的人口变化经常会引起新的、令学校始料未及的反应，这种反应在学校在读学生发生变化之前并不明显。制定政策，根据社区新的人口状况调整资源及服务的配置，并满足学生的需求是决策者义不容辞的责任。

上文所列出的每一项说明均代表了一种独特的，但为我们所熟悉的情境，在这些情境中，我们可以从作为一名教育工作者以及高度复杂的学校与学区中的一名成员的角度进行自我反思与理解。公平、多元化、机会均等等话题有其特定的历史背景，这对我们了解及理解文化精通性实践的价值非常重要。

文化精通性是关于意向的

克洛斯（Cross, 1989）将"文化精通性"描述为一个"自内而外"的个人及组织变化过程。文化精通性好似一面透镜，通过它，我们能够建构起个人及组织学习的框架，并制定出指导我们个人行为以及组织政策与实践的原则。作为一个有意识的"自内而外"的过程，文化精通性为我们提供了机会，让我们可以了解自我、他人以及与他人一起工作的环境。当我们在学校或者学校中的某个部门（如年级或系）工作时，我们便有机会审视那些已经制度化为政策与实践的前见。学习共同体帮助我们在将自己的实践与行为个性化并且去私人化的过程中更近一步，从而帮助我们改变说话、计划、行动以及与不同于自己的人相处的方式。

本书可以作为我们理解与改变（如果有必要）自己的价值观与行为，以及所在学校和学区的政策与实践的指南。阅读本书，你有机会：

- 厘清自己有关为所有学生群体提供获得高质量教育机会的个人价值观、前见与信念。
- 在建立为所有学生群体而教的共同价值观的过程中，完善如何与同事合作的知识与技能。
- 在制定符合为所有学生群体而教的共同价值观的政策与实践的过程中，发展相关知识与技能。
- 在你习得并完善了对你与你所在学习共同体的生活方式产生影响的知识技能时，选择不同的行动方式。

本书提供了许多在实际生活中学习共同体将文化精通性基本要素与专业学习共同体原则相结合的例子。表1.1展示了理解、分析与维持文化精通性学习共同体的框架。

在阅读表1.1中的内容时，请全面地看待该框架。文化精通性基本要素与专业学习共同体原则并非脱离其他要素与原则而独立存在。我们将文化精通性与学习共同体并列，用以说明学校领导可能会如何整合这些要素与原则。遗憾的是，表1.1中前两列的线性特征反映不出共同体中的发展动态与互动情况。因此，我们在表中增加了第三列，从而为共同体寻找机会，为在学习共同体情境中应用文化精通性的关键要素提供指导。

表 1.1　文化精通性学习共同体的理解、分析与维持框架

文化精通性专业学习的基本要素	学习共同体的基本要素	文化精通性的特征
评估文化：专业学习确定文化认同的程度 专业学习帮助学习者了解他们自身的文化、他人的文化，以及学校的文化。 通过恰当地应用文化、语言、学习以及各种交流方式，缩小教育差距。	共同的个人实践：共同体成员给予和接受支持个人及组织改进的反馈。	• 实施个体与团体评估。 • 发展点对点支持以实现特定目标。 • 规划并促进有意识的专业学习，以改善学生的学习情况。
重视多元化：专业学习解决文化问题的程度 专业学习认识并满足多元文化、语言、学习和交流方式的需要。	共同的信念、价值观与愿景：共同体成员持续关注学生的学习，并通过共同体的学习加强对学生学习的关注。	• 确认多元化的视角。 • 确认共同的目标。 • 将愿景、行动建立在常见评估结果的基础上。
管理多元化的变化情况：专业学习促进并塑造对探究与对话多角度使用的程度 专业学习机会将看待相关话题时的多样化的视角结合起来，并培养通过对话解决差异或多元化引起的冲突的能力。	共同的支持性领导（合作）：管理者和社区成员共同享有决策权。	• 公开促进与社区需求相关的种族、民族、性别、性取向、社会经济状况、信仰等话题的讨论。 • 使决策过程透明化，并能根据社区需求而作出调整。
适应多元化：专业化学习促进变化的产生以满足共同体需求的程度 专业学习机会使用数据推动变化的产生，从而更好地满足多元化共同体的各种需求。	共同的支持性环境： 结构因素提供了时间、设备、资源以及政策以支持合作。 相关因素支持共同体中个人及人际发展，开放性、讲求实际的环境的营造，以及共同体成员相互之间尊重与关心的培养。	• 教授恰当的交流技巧，从而能考虑到多元化的意见与经验。 • 发展适应性实践，支持共同体中的新成员与资深成员。

续表

文化精通性专业学习的基本要素	学习共同体的基本要素	文化精通性的特征
制度化的文化知识：专业学习影响政策与实践以满足多元化学习者的需求的程度为实现提升学生学习的目的，通过学校与共同体在课堂中鼓励、分享、应用专业学习机会。	集体学习与知识生成：共同体关注的焦点在于，为满足学生的学习需求，共同体确定学习什么内容以及他们如何学会这些内容。	• 通过成功衡量标准确定和满足学生的需求。 • 建构持续性改进过程的调查模型，以评估向明文规定的成就目标迈进的进展情况。

资料来源: From *Culturally Proficient Inquiry: A Lens for Identifying and Examining Educational Gaps,* by Randall Lindsey, Stephanie Graham, Chris Westphal, and Cynthia Jew, 2008, Thousand Oaks, CA: Corwin, and *Leading Professional Learning Communities: Voices From Research and Practice,* by Shirley M. Hord and William L. Sommers, 2008, Thousand Oaks, CA: Corwin.

当你查看表 1.1 时，你有没有发现运用文化精通性基本要素优化与深化你们的专业共同体学习的机会呢？

有意识地使用文化精通性的四项工具

学校在其办学宗旨或者核心价值的陈述中往往都包含着"让所有学生达到高水平"的承诺。就算不是同样的话，相似的话语、观点在学校中也是很常见的。问题是这些陈述常常忽视了学生中特定群体长期存在的学业不良问题。幸运的是，我们目前的问责情况已经不容许各方继续忽视学习不良问题的存在了。

美国的大多数州、加拿大的多数省以及美国联邦政府均已开展了改革，如出台《不让一个孩子掉队法案》（*No Child Left Behind Act*），这些改革措施至少可以将公众的注意力吸引到长期存在学生学习不良问题的地区中去。尽管立法过程有很多局限，但他们都无可辩驳地将公众的注意力吸引到困扰了几代人的学生学业不良问题上。在我们看来，学习共同体与文化精通性为我们教育工作者提供了可用以指引专业资源分配的原则和工具，从而造福学校中日益壮大的青少年学生队伍。

文化精通性是指在满足每一名学生需求的大背景下，满足过去未受到足够重视的学生群体的需求。当教育是以一种文化精通性方式进行时，过去未受到足够重视的学生便获得了旨在实现高学业成就的教育机会。以文化精通性方式开展教育，所有的学生将能更好地理解并珍视自身的文化以及周围的各种文化。与此同时，以文化精通性方式开展教育，所有的教育工作者、立法者、董事会成员以及当地的商业共同体成员也将能以一种他们从未经历或体验过的方式理解和珍视他们身边的文化。

在下文中，我们将展示对四种文化精通性工具的定义与描述。对首次接触到文化精通性的读者而言，这些描述为他们提供了了解各种相关术语、工具的概览。而对于许多长期阅读相关文章、著作的读者而言，该部分则可作为一次复习机会。

以下是可以指导我们工作的文化精通性工具：

- 克服文化精通性障碍——认识到历史压迫依然存在，并且是可以被人们或组织机构通过公共教育的民主方式，调整自身的价值观、行为、政策与实践，满足不受重视的文化群体的需要来克服的障碍。
- 文化精通性指导原则——一系列确认文化在我们生活和社会中的重要性的、具有包容性的核心价值观。
- 文化精通性连续体——连续体中的六个节点代表了应对文化差异的合理与不合理的六种方式。
- 文化精通性的五大基本要素——指导个人价值观与行为，以及学校或者学区政策与实践，以满足特定文化群体学业需求的五项标准。

文化精通性工具之间是相互影响、相互依赖的，对此我们将在接下来的几个小节中进行讨论。表 1.2 到表 1.4 对以上四项文化精通性工具的基本情况进行了介绍。

工具 1：克服文化精通性障碍——为什么开展这项工作

主要问题：什么在阻碍你以文化精通性的方式处理学习共同体工作？

学习共同体是一个识别、讨论和应对文化精通性障碍的平台。为了在文化多元的共同体中获得成功，教育工作者们必须能够开展有意义的对话，讨论他们能够施加影响或控制的专业或者组织障碍。表 1.2 展示了各种文化精通性障碍。

表 1.2　文化精通性障碍

文化精通性障碍	具体内容
对改变的抵制	认为改变应当由他人作出，而非自己。
压迫体制	意识到并承认种族主义、性别歧视、种族中心主义以及其他形式的压迫是真实存在的。
特权意识	未意识到或者不关心仅由个体的性别、种族或其他文化群体属性而带来的利益。

表 1.2 中标有符号的三项，可以分为两个重合的主题。首先，任何形式的压迫（例如种族主义）的存在意味着一些人会因为某些特定行为而受到伤害；然而，相反的一面我们却鲜有论及，其他一部分人可能会以一种他们不承认，甚至未意识到的方式从这种实践做法中获益。这里可以举两个恰当的例子：一个是，我们两人正在就一件事情投票，你的投票仅因为你的性别或者种族而不能计数，这样我的投票便增值了；另一个是，如果我们学校的课程中体现了你的种种经历，并且作为学校课程与活动的主流，而我的经历并未在其中得到体现，这样你在学校中的价值便提升了。

表 1.2 中展示的第二个主题在于个体应当克服变革的阻力，为学校所服务

的地区提供学习机会，并适应其需求。文化精通性的一大益处在于它从一个实实在在的途径着手，认识到我们社会中存在的种种挑战，并使用民主所提供的工具向我们展示了如何公平地为所有人群服务。

思考

花一点时间阅读表 1.2 中的内容，当你读到诸如"障碍"等词句时，你有什么感受、反应或想法呢？请在下面的空行中写下你的答案。

_____

_____

_____

_____

对于许多人而言，这些文字可能显得有些可怕，或者说令人愤慨。一些读者也许会报以谴责，或是感到愤怒、内疚、绝望，并带着这样的疑虑："但是我们又能怎样呢？"其他读者也许会感到好奇或表示认同，并提出这样的疑问："是啊，这确实是我们的现状，我们应当作何改变呢？"

本书旨在使用文化精通性的第二种工具，即文化精通性指导原则，去解决表 1.2 中的一系列反思问题。使用这些指导原则的基础在于认识：对许多人而言，障碍是真实存在的；而对其他人而言，障碍则是无形的，或者未被意识到的。

作为教育工作者，我们对变革的抗拒就体现在目前对"学业成就差距"的讨论中。从 1971 年开始，国家教育进步协会（National Association of Educational Progress, NAEP）（Perie, Moran, & Lutkus, 2005）对学业成就差距情况进行了详细的记录，并在教育界进行了广泛的宣传。并且，国家教育进步协会在州和国家层面开展了各项教育改革，最广为人知的是联邦政府重新授权的《中小学教育法案》（*Elementary and Secondary Education Act*, ESEA）中的第一条，即《不让一个孩子掉队法案》（2002）。这一条款引起了我们对这一问题的共同关注。教育差距的持续存在对于教育界各级工作者调查教育和学业成就差距在部分学生群体中持续存在的原因而言，是一项巨大的挑战。作为一名专业工作人员，我们应该将国家教育进步协会所公布的数据当作是不存在的。为解决明文记录的不公平问题所做出的持续努力其实是创建民主课堂与学校的拦路石。

工具2：文化精通性指导原则——我们的工作指导

主要问题：在作为一个学习共同体或是一所学校时，我们还是我们所说的自己吗？

文化精通性指导原则为我们提供了一系列有助于克服文化精通性障碍的核心价值观。这些障碍代表着阻碍旨在为以往受忽视的学生文化群体提供充足、适当的教育的系统性学校改革的棘手问题。

文化精通性的指导原则

- 文化是校园和人们生活中的主导力量
- 人们在不同程度上得到主流文化的服务
- 人们拥有群体认同与个体认同
- 文化中的多元性是广泛而有意义的
- 每个文化群体均有其独特的文化需求
- 各群体自身的最优化能够促进整体能力的提升

上面对文化精通性的指导原则进行了描述。文化精通性的指导原则为教育工作者提供了一种兼容并蓄的世界观，这种世界观对于一些人而言，代表着一种根本性转变，他们开始认为其他文化群体是有能力的，而且将自己的价值贡献给教育共同体。这些核心原则如同透镜一般，通过它们，我们可以对国家教育进步协会的每半年一期的报告结果或者其他类似数据进行检查，并得出当下的教育实践并不公平的结论。因此，我们认识到，有的学生得到了当下教育政策与实践的良好服务，而同时许多教育工作者却对那些未得到

良好服务的学生视而不见。

根据我们的经验，当学校领导谈及"变革"时，他们往往会从结构、模式以及过程三个方面描述对教育实践的改进。修改校历、调整年级或部门结构等，关注目标学生群体或需要最新专业培训的结构性变革，有可能变革教育实践，从而提升对一些学生的服务质量。然而，文化精通性的目的在于从采取包括结构性变革在内的各种干预措施着手，施行精心制订的周密规划，转变拥有多元化学生群体的学校中的社会文化环境，并促进学校与多元化社区的交流互动。文化精通性的六项指导原则，在一些领导者对于变革的看法由学校结构、政策及规定的"改革"，转向学校与学区中人们的各种关系、交流以及行为的"转变"的过程中，为他们提供了其他步骤及方法。

那些改革设想的拥护者，往往将自己的精力集中于如何变革结构与政策。而且改革设想过于频繁地产生于某个预设好的任务目标，其所提倡的目标却没有反映学校中人们真实的日常实践活动。其中，一项常见的任务目标是"所有学生均能取得高水平成绩"，然而，在实践中，所提倡的这种目标忽视了这样的事实——许多来自不同群体的学生并未取得良好的成绩，而且这种情况已经持续几年了。在没有一个合乎实际的任务目标的情况下，有着改革设想的学校便借口有的学生"不可能"或者"不会"得到良好服务的核心观念而违背其所提出的目标。

那些持转换性设想的学校领导则更关注领导力与教育实践，抓住多元化学习共同体中的各种生成性机会，并满足其各种需求。投身于转换性活动中的领导者积累了有关他们学校服务区域内学习共同体的经验。这些领导者以这种方式指导着自身的领导活动，他们给予学校共同体中的所有成员参与能够满足整个学校共同体需求的课程与教学项目的机会，从而提升学习共同体成员的文化精通性。

文化精通性指导原则是精通不同文化的学校领导及教师们的核心价值观。这些核心价值观为建设精通不同文化、功能多元化的共同体提供了机会，在这样的学习共同体中，人们能够以一种相关尊重、文化响应的方式彼此进行交流与互动。

> **思考**
>
> 花一些时间重新阅读表 1.3 中的内容。你产生了怎样的思考与感受？这些指导原则在哪些方面与你对自己作为一名教育工作者的看法是一致的？基于所给出的核心价值观，你可能会希望以何种不同的方式思考你自身的价值观？这些指导原则可以怎样指导决策过程与政策制定过程？一个人根据指导原则，实现思想上的转变，可能意味着什么？请利用以下空行写下你的答案。
>
> _____
>
> _____
>
> _____
>
> _____

工具 3：文化精通性连续体——对我们工作的看法

主要问题：作为个体与学习共同体成员，我们如何评价自己？

鉴于文化精通性指导原则为个人价值观及组织机构的政策提供了一个框架，文化精通性连续体将为教育工作者的行为以及学习共同体与学校的实践提供指导。表 1.3 中的连续体描述了教育工作者们正确与不正确的价值观与行为，以及合理与不合理的学校政策与实践。具体而言，该连续体向我们展示了左端错误、不公平、无价值以及不公正（即破坏性、无能性与无知性）与右端正确、公平、有价值以及公正（即前能力、能力与精通性）之间的显著区别。

表 1.3 描述了连续体中的六个点。花点时间仔细查看该表内容，注意连续体两边的表示行为的词语。连续体左端的行为与实践（即破坏性、无能性与无知性）表明了障碍的存在。而连续体右端的行为与实践（即前能力、能力与精

通性），尤其是那些被认为有文化能力和文化精通性的行为与实践，反映了教育工作者及学校遵循文化精通性原则在为学生做正确的事情。

表1.3 文化精通性连续体：描述合理与不合理的实践做法

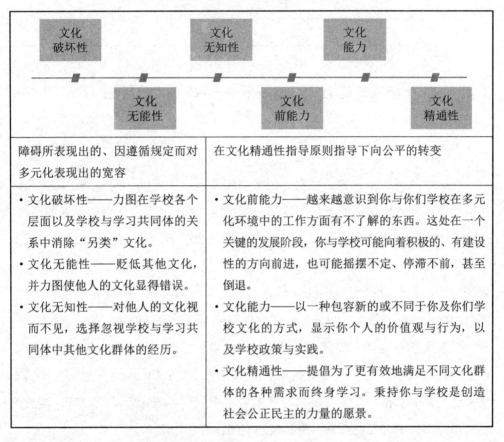

障碍所表现出的、因遵循规定而对多元化表现出的宽容	在文化精通性指导原则指导下向公平的转变
• 文化破坏性——力图在学校各个层面以及学校与学习共同体的关系中消除"另类"文化。 • 文化无能性——贬低其他文化，并力图使他人的文化显得错误。 • 文化无知性——对他人的文化视而不见，选择忽视学校与学习共同体中其他文化群体的经历。	• 文化前能力——越来越意识到你与你们学校在多元化环境中的工作方面有不了解的东西。这处在一个关键的发展阶段，你与学校可能向着积极的、有建设性的方向前进，也可能摇摆不定、停滞不前，甚至倒退。 • 文化能力——以一种包容新的或不同于你及你们学校文化的方式，显示你个人的价值观与行为，以及学校政策与实践。 • 文化精通性——提倡为了更有效地满足不同文化群体的各种需求而终身学习。秉持你与学校是创造社会公正民主的力量的愿景。

资料来源：Adapted from *Culturally Proficient Leadership: The Personal Journey Begins Within*, 2009, by Raymond D. Terrell and Randall B. Lindsey, Thousand Oaks, CA: Corwin.

思考

现在你已经学习了有关连续体的相关知识，你有怎样的感想与反应呢？你觉得你与所在学校的学生在哪些方面是相联系的？你们学校中哪些实践做法可以代表连续体上的点？你与你的同事可能会如何使用连续体，以使之成为你们个人及专业学习中的一部分？请利用以下空行写下你的答案。

_____

_____

_____

_____

工具4：文化精通性的五大基本要素——我们如何开展工作

主要问题：作为一个学习共同体，我们的行动与我们所自称的一致吗？

我们中的大多数人都希望自己的教育实践是位于连续体的右侧的，但也许并不知道如何实现这样的目标，或者缺乏提出"为什么不？"这种难题的决心。通过利用文化精通性的指导原则，将其作为道德框架，并运用连续体指导我们的实践，文化精通性基本要素可以作为教育工作者与学校的标准。以这五大要素为标准，我们可以对我们的课程效力、教学策略效率、专业发展的相关性、评估与问责体系的效用，以及家长和社区交流与延伸服务的意图进行衡量。

这五大基本要素为教育工作者与学校提供了标准，换言之，它们为教育工作者的行为及学校的实践做法提供了道德准绳。表1.4中展现了对这五个基本要素简明扼要的描述。请注意每个要素中着重强调的表示行动的语言。这五个要素均可作为个人专业行为以及学校的实践标准。

表1.4 文化精通性实践的基本要素

基本要素	具体内容
评估文化知识	了解他人的文化，了解教育工作者以及整个学校是如何对他人的文化作出反应的，以及为有效地应对跨文化情境，你们需要做些什么。另外，了解学校、年级与部门等文化实体。
重视多元化	组成包括观点、经历不同于你或者学校中主导群体在内的、正式与非正式的决策小组，以丰富对话、决策制定以及问题解决过程。

续表

基本要素	具体内容
管理差异动态	形成解决问题与冲突的策略，并将其作为学校文化以及你们学校内部共同体的文化环境中的一个自然、规范的过程。
适应多元化	了解与你所属文化群体相异的文化群体，并有能力在所有学校情境中应用他人的文化经验与背景。
使文化知识制度化	让对不同文化群体及其经验、观点的学习成为学校专业发展不可或缺的一部分。

资料来源：Adapted from *Culturally Proficient Leadership: The Personal Journey Begins Within*, 2009, by Raymond D. Terrell and Randall B. Lindsey, Thousand Oaks, CA: Corwin.

这五个基本要素位于连续体上的"文化能力"点上（表 1.3）。当教育工作者或者学校将这五个基本要素融进教育实践中，并至少达到主动、持续承担以下义务的程度，文化精通性便实现了。

- 致力于满足学校与学习共同体中所有现有与新出现的文化群体的教育需求，实现社会公正。
- 致力于实现自然、规范与有效的主张。
- 致力于指导未受重视的群体，帮助其获得教育机会，同时指导在当下的实践中受到足够重视的群体，促进其对未受重视的个体与文化群体（可能包括同事、学生以及社区成员）的认识，并对他们作出积极的响应。

思考

你对文化精通性的基本要素有何感想？这些基本要素可以以怎样的方式支持你当下的教育实践？你在何种程度上希望应用这些标准指导你及你所在学校的教育实践？请利用以下空行写下你的答案。

深度思考：三项"关键"

在本章中，三项最为关键的学习内容是什么？本章中最能引起你共鸣的三则引言或评论是什么？你现在最想问的三个问题是什么？思考一下你作为一名教育工作者的角色，本章中的内容如何引发了你关于自身教育实践的思考？这些内容以什么方式引发了你对所在学校或学区的不同看法？

第二章
为什么存在种族问题？[①]

格伦·辛格尔顿　柯蒂斯·林顿

> 对于美国的种族问题，大多数人依然囿于那种绝对自由或保守的观点，那些陈词滥调让我们才思枯竭，道德失语，心情沮丧……
>
> 我们业已中止的关于种族问题的公开讨论并未以一种坦诚、批判性的方式直面该问题的复杂性。预料之中的自由派与保守派之争，以及重视"社会事业"的民主党与主张"自助"的共和党之争，加剧了这种狭隘主义思想与政治瘫痪状态……
>
> 我们总是将关于美国种族问题的讨论局限于黑人给白人带来的"问题"上，而非考虑看待黑人的方式反映出我们作为一个国家存在怎样的问题。
>
> 这种濒临瘫痪的框架鼓励自由派通过支持致力于"解决问题"的公共基金，减轻内心的愧疚；但同时，他们不情愿对黑人作出原则性批判，自由派否定了黑人犯错误的自由。与此类似，保守派将"问题"归咎于黑人自身——从而导致了人们对黑人社会遭遇的忽视，认为这不值得受到公众的重视。
>
> 因此，对于自由派而言，黑人应当被"包容"或"融入""我们"的社会与文化，而保守派则认为黑人将会"表现良好"并"值得"被"我们"的生活方式"接纳"。但二者均未看到黑人的存在与所处的困境既非美国生活的附加物，也非其缺陷，而是美国生活的基本组成部分。
>
> ——康奈尔·韦斯特

[①] 本章原为 *Courageous Conversations about Race: A Field Guide for Achieving Equity in Schools* 一书的第三章。

> **思考**
>
> 怎么理解"黑人的存在与所处的困境……美国生活的基本组成部分"?这对于其他有色人种同样适用吗?美国黑人的状况与经历是否影响了保守派或者自由派关于种族的观点呢?
>
> _____
>
> _____
>
> _____
>
> _____

因为我们对每个群体都有其独特的种族视角缺乏理解,并且总是强调其他种族的独特经验,所以美国各种族之间存在着巨大分化也就不足为奇了。韦斯特(West, 2001)所写,具体来讲就是,美国白人希望有色人种应当被"融入"白人的社会与文化,使得有色人种值得被白人的生活方式"接纳",从而将白人的文化与生活方式确立为可接受的标准。

从占主导地位的种族到有色人种的群体信息来看,有色人种的问题在于他们难以在"主流"社会中获得很好的发展。虽然,美国理念非常推崇个体责任,有色人种要竭力在一个从未充分尊重他们或是保障他们平等权利的国家立足还面临着巨大的挑战。

种族界限问题

当你考虑到有色人种学生在学校日常生活中的实际情况时,种族间的学业成就差距就不那么令人震惊了。他们正处在性格形成时期,一方面必须克服压迫以及自身地位差异带来的心理上的混乱,同时,他们又被学校系统及社会视为一大问题。在教师怀着对有色人种学生的关爱、同情,真正地渴望去接近他们时,这些孩子才能充分地发挥他们的社会、情感与学业潜能。同样,教育工作者在投身于学校系统的种族公平工作时，他们会发现自己的心灵因为有色人种学生参与度的提高而得到了滋养。

杜波依斯（W. E. B. DuBois, 1903）指出："20世纪的问题是种族界限问题，是来自亚、非的深色人种，与居住在美洲及大洋岛国中的浅色人种的关系问题"。(p.15—16) 杜波依斯的文章首次发表于1903年，时隔一个世纪，上述问题依然存在。毫无疑问，为实现种族平等，我们已经在政治法律层面上取得了巨大进步，但是在心灵、思想层面，真正的种族平等依然难以企及。种族平等的实现，需要包括"优势种族"与"弱势种族"在内的各个种族群体的共同努力。

种族不平等不仅仅是一个"黑人问题"，抑或"棕色人种问题"。它是一个使我们所有人均深受影响的问题。因此，宣称自己是非种族主义者的白人教育工作者们，应当采取行动，致力于真正的种族平等的实现，无论何时何地，坚持种族间的正义与公平。

为所有学生而教

本书旨在帮助教育工作者们提升所有学生的学业成就，缩小表现最优组与表现最差组之间的差距，彻底消除各种族学生在学业成就表现最优组与最差组所占比例的可预测性及比例失衡现象。为了实现这一目标，教育工作者、家庭以及社区领导者必须铭记我们每天清晨让学生反复诵读的一句誓言：……让所有人共享自由与正义。

如果我们真的希望每个人都能享有自由与正义，我们就必须齐心协力，共同致力于平等的实现。有色人种必须继续吸引个人与组织机构对种族公平问题的注意，并要求种族平等。作为"种族优势"的获得群体，白人应当承担起自己的责任，接受挑战，抵制给予和接受特权的行为。如果缺少了这些至关重要并相互联系的行动，种族间的不平等与紧张关系，以及民族分化将继续腐蚀我们所向往、推崇的民主。

这里，继续引用韦斯特的一段话：

构建一个新的框架，我们首先需要坦率地认识到我们每个人身上基本的人性与美国性。并且我们必须认识到，我们正处在一个岌岌可危的斜坡上，一不留神便会陷入经济纠纷、社会动荡以及文化混乱的深渊。作为一个"合众为一"的国家，一荣俱荣，一损俱损。（p.4）

种族责任

如果说白人是种族特权最主要的捍卫者与接受者，他们也应该为种族不平等问题与种族主义担负起重要责任。鉴于学校中绝大多数的教师、校长、教育主管以及学校董事会成员均是白人，白人对于公共教育的影响便不言而喻了。虽然民权领袖为种族平等做出了艰苦卓绝的开创性努力，没有白人个体与群体对变革的拥护与支持，我们就难以开展可持续性改革。至少，白人教育工作者必须允许变革的发生。没有他们在这一方面的积极参与，种族间的不公平还是会继续被白人认为仅仅是有色人种该关心的重大问题。

下文节选自一位亚裔家长写给洛杉矶一位小学校长的信，信中对学校家长与教职工关于是否再聘请一名有色人种职工进行的激烈讨论作出了回应：

我一生当中听到的最伤人的种族指责不是"日本佬""中国佬"或者"韩国佬"之类的这些在生活中我曾经被强加的种种称呼。最伤感情的事情却是来自一个我非常敬爱并景仰的人，一个我认为睿智并富有同情心的人。当时我们正因为一个涉及种族因素的聘用决定进行争论。我的观点是，她身处促进有色人种事业发展的位置之上，就有责任帮助有色人种。她反驳我说："种族主义是一个很大的问题，是个全球性问题。你把它说成是我的问题这让我反感。"

在我听来，这意味着什么？"我是白人。种族主义是你们的问题，而不是我的问题。如果我不想，我就没有必要去解决这个问题。"让我愤愤不平的是我们立场的对立——不管想不想，有色人种都得解决种族主义问题。自那场对话不欢而散之后，我一直无法释怀，紧要关头，她居然是那样想的。

她的那番话困扰了我很多年。那场争论中隐含着不少有色人种对白人的愤恨，对那种"种族主义是你们的问题，而不是我的问题"的态度的愤懑。我想，这种态度也隐含着许多白人对有色人种的感受："别再把种族主义说成是我的问题。"我觉得这样的感受潜在地促使一些家长不愿意接受（学校的）变革。

我认为，如果任凭种族不公平问题愈演愈烈，任凭现存的种族隔离不断恶化，我们将会萎靡不振地陷入另一场种族暴乱，甚至更糟——对我而言，那是一场诸如地震一样不可避免的灾难。不言而喻，到那时，种族主义也就成为我们所有人的难题了。

思考

你对这位亚裔家长来信最初的反应是什么？你认为你所在学校系统中的有色人种家长会有同样的感受吗？你将使用什么数据来证明你的观点？你又会采取怎样的个人行动来回应这位家长的来信以及其他有色人种的忧虑？

_____
_____
_____
_____

这位亚裔家长为了促使她孩子所在学校的校长参与到种族问题的处理中所说的一番话，对于论述学校中各种族学生之间的学业成就差距问题，可谓一针见血。最富有成效、最进步的社会应当是一个人人都能充分地、不受阻碍地获得相应的机会、追求学业成功、享有安全感的社会。如果一个团体感到被边缘化，那大家都会受到影响，包括那些权力与特权阶层，那些认为自己能够不顾被忽视人群的遭遇而置身事外的人。美国白人生来就处于这样的一个社会位置，他们必须向包括有色人种学生在内的有色人种保证，主流社会会将他们的最终利益铭记于心。如果无法提供这样的保证，那我们将会继续面临当下的种族分裂、种族隔绝，以及教育结果分化的状况。在如何改善我们的社会，如何提升学校教育质量的讨论中，种族问题事关重大。

种族差距

学业成就差距中最棘手的问题是种族差距问题，即白人学生与亚裔学生、本国的黑人学生、拉美裔学生、印第安裔学生、东南亚裔学生以及太平洋岛民学生之间的学业成就差距问题。毫无疑问，贫富差距同样是影响学生学习成就的重要因素。然而，据统计，即便处于同一经济阶层，不同种族学生同样存在着学业成就差距。加利福尼亚大学（1998）与美国大学理事会（College Board）共同开展了一项研究，该研究将学生的学业能力倾向测验（SAT）成绩按照家长收入与学生所属种族（或民族）两个维度进行分析，研究结果清晰地显示出不同种族学生之间所存在的学业成就差距（见图2.1）。虽然该研究仅涉及某大型公立高校入学申请人的情况，研究结果却对整个国家学生的种族、家庭收入与学业成就等错综复杂的问题有着更为深远的影响。

一些读者也许会质疑，1995年的研究数据是否能反映目前的形势。虽然我们也更倾向于使用距离现在更近的数据，但美国大学委员会与大多数教育机构很少愿意提供数据供公众进行学生的种族、家庭收入以及学业成就方面的比较。加利福尼亚大学（加州大学）的研究是相当难得的，即便十年过去了，我们相信这项研究仍然能为当下的学生种族、家庭收入与学业成就之间的关系模式提供相关信息。对于那些依然持怀疑态度的读者，试问：过去的十年中，基础教育系统与美国经济结构发生过多少变革能让这些数据发生扭转性的变化？

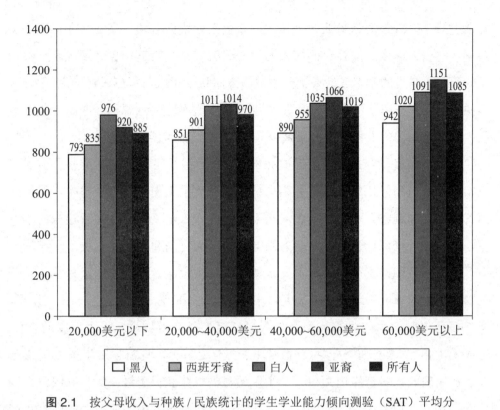

图 2.1　按父母收入与种族/民族统计的学生学业能力倾向测验（SAT）平均分

资料来源：National Center for Education Statistics，U.S. Department of Education.

图 2.1 清楚地显示，家庭收入的确影响学生学业成就：各种族学生的 SAT 分数均随家庭收入的增加而上升。然而，单单是贫富并不能充分地解释各种族学生之间的学业成就差距，因为即便不考虑学生家庭收入水平，各种族学生之间的学业成就差距也依然存在。

在大多数研究与报告中，学生学业成就差距被认为与学生之间的经济状况差距相关，而与种族关联甚少，或者是没有任何关系的。加州大学的数据向我们展示了学生种族与家庭收入对其学业成就的交互影响，揭示了不同种族学生学业成就差距中的微妙问题。首先，在所有家庭收入阶层，白人学生的学习成绩均优于黑人与褐色人种学生。特别需要指出的是，在所有家庭收入阶层，黑人学生的学习成绩均是最低的。其次，该数据让我们看到了家庭同样贫困的黑人学生与白人学生之间存在的惊人的学业成就差距。第三，我们发现家庭收入较低的白人学生的学习成绩要优于中等收入阶层的黑人与褐色人种学生。因此，即便我们将数据范围扩大到家庭收入为20万美元的学生（显然，在这个收入阶层中，黑人与褐色人种家庭大大减少），种族差距极可能依然存在。

学生学业成就存在的差距已被加州大学的学生学业能力倾向测验分数研究证实，那种认为学生学业成就差距与种族或种族主义无关的想法阻碍了我们全面解释同一家庭收入水平学生之间与不同家庭收入水平学生之间所存在的学习差距。当然，该研究也为学业能力倾向测验中固有的文化偏见提供了潜在的证据，并提醒我们，制度性种族主义在美国教育中根深蒂固。不同家庭收入水平的白人学生的分数相近，差距最大也才略微高于100分。然而，通过比较发现，所有有色人种学生的成绩从家庭收入最低组到最高组均显示出大幅度的变化：黑人学生相差大约150分，拉美裔学生相差近200分，亚裔学生相差230多分；并且在家庭收入最低组内，白人学生以明显的优势获得了最高的学业成就。为什么会这样？要回答这一问题，我们就必须对教育过程中学业能力倾向测验等标准化评估偏向白人学生的方式加以考虑。

社会经济学与种族

谈及社会经济背景，重要的一点就是全面考虑相关因素。在考虑社会经济背景时，我们主要强调的往往是经济状况，即"社会经济"中"经济"那一部分。然而，"社会"状况同样重要。所谓"社会状况"，也就是与人们当下以及之前的生活环境中广泛存在的与文化细节相关的方面。探讨学生的社会经济状况，其实是在呼吁教育工作者们就学生的文化与经济背景问题进行讨论，其中学生的文化背景中必然是包含种族身份的。

对于有色人种而言，文化与种族的概念就算不是完全重合，也几乎是同义词。再者，人们往往首先用种族或文化身份对有色人种进行界定，其次才看他们的经济背景。虽然作者格伦·辛格尔顿（Glenn Singleton）是一名中产阶级黑人，在大众的眼中，他首先是黑人，其次也许才是中产阶级。在我们这样的种族意识敏感的社会中，人的"社会"、种族或文化状况永远是超越"经济"状况的；不过，在解释社会分层与学生学业成就差距时，主流种族文化的成员总是倾向于找到经济差距，并将其认定为学生学业成就差距的主要原因。为什么努力让人们意识到学生的经济状况受其家庭种族或文化身份影响、改变、支配的是教育工作者呢？

此外，跟踪研究数据显示，相比经济状况而言，学生的"社会"或种族文化背景似乎对他们的学习参与及学业表现影响更大。我们认为，这是因为这些种族或文化因素显著地影响了学生对未来的憧憬以及对学校能为他们提供什么、不能为他们提供什么的期望。我们坚信种族与文化因素才是不同种族学生学业差距持久存在的主要原因。

解决种族差距问题

开展"勇敢对话"是彻底消除种族学业成就差距的一项策略。此外，这种对话将会有助于教育工作者、学生以及各个家庭培养起解决系统性不公平问题及其引起的学生学业差距问题所需的激情。通过与众多学校的合作，我们发现不同种族学生的学业成就差距是各种差距中最难弥补的。然而，我们也见证了教育工作者们在缩短不同种族学生的学业成就差距上取得的巨大进步，同时他们也成功地缩短了其他所有的相关差距，例如不同种族间的语言能力差距与经济差距。

让我们来看看北卡罗来纳州教堂山镇卡勃罗学区（2005）最近所作的报告中提到的事情吧。该学区开展"勇敢对话"已达五年之久，并将之视作解决种族间学生学业成就差距问题的主要策略。之后该学区不仅在缩小种族间学生学业成就差距方面提成就巨大，在缩小其他差距方面也取得了显著进步。2002年，当该学区首次被要求实现联邦平均年度进展目标（Average Yearly Progress

Goals）时，只有 4 所学校达标。仅仅两年之后，该学区 15 所学校中就有 14 所达到了国家目标，并且这 14 所学校在全国排名中的成绩非常突出。据教堂山镇卡勃罗学区 2004 年的报告称："全学区良好比率达 94.2%，其中包括学区中有特殊教育需要的学生与英语水平有限的学生。其中有 5 所学校，95% 以上的学生均在测试中达到了良好等级。"

教育中的种族因素

当各种族学生拥有同等的预期、机遇、资源与途径的时候，他们之间的各种差距均会缩小，因为所有学生均可以通过各种各样的途径获得成功所必要的支持。我们坚信，制度性种族主义是造成有色人种学生学业成绩低下的罪魁祸首，它是一种包括长期存在于我们学校中的种族偏见与白人优势在内的、未经检验与挑战的观念体系。

> **思考**
>
> 你与你的同事对种族影响学生学业成就相信程度如何？你所在的学校系统在解决学业成就差距的过程中，对种族因素的研究到了什么程度？这些措施被所有教育工作者（包括白人教育工作者）接受吗？
>
> _____
>
> _____
>
> _____

当学校开始正面处理种族问题时，激动人心的结果便产生了。我们以加利福尼亚州圣何塞市的德尔罗布莱小学为例，德尔罗布莱小学以招收黑人学生、拉美裔学生、白人学生与亚裔学生为主。它与全国其他许多学校一样，具有学生流动性大、英语学习者多的特点。可以想象，德尔罗布莱小学几乎没有进行教师培训，实施文化响应式教学项目的分项拨款。

德尔罗布莱小学通过分析相关数据，发现不同的学生群体之间存在着显著的学业成就差距之后，学校员工与社区一起开始使用"四项协议""六个条件"，以及"勇敢对话原则"。这些新的语言帮助教师们对自身的教学实践进行了检查，成为营造公平的校园环境的一项标志。在德尔罗布莱小学的案例中，教育工作者、学生以及家庭通过集中探讨不同种族学生对教与学的体验，成功地缩短了在校学生的学业成就差距。学校校长伊薇特·欧文（Yvette Irving）在撰写学校官方介绍时，分享了学校巨大进步中的点点滴滴。

据说，在梦里，橡树象征着长寿、稳定、力量、宽容、智慧与繁荣。"德尔罗布莱"在西班牙语里，意为"橡树的"。我们的校名"德尔罗布莱"很好地概括了这里学生、教职工与所在社区的特点。扎根于当地历史的德尔罗布莱小学，刚刚庆祝完它的30周年校庆。作为社区成人教育中心，小区集会、青年运动会召开场所，以及紧急时刻人员疏散地，德尔罗布莱小学是支持社区发展的稳定力量。学校教职工是树干，拥有着橡树林学区总办公室以及社区家长、邻里与企业的广泛支持。学校在坚守实现所有学生教育公平的承诺中散发出的教育智慧是德尔罗布莱（橡树）的树枝。学习成果（优异的学业成就）是通过促进而非补救、差异化而非同质化实现的。学校师生共同践行着追求卓越、终身学习、相互尊重、积极互信与诚实正直的核心价值观。从孩子们走进校园的那一刻开始，这些核心价值观就如树叶一般笼罩着他们的心灵，赋予他们对那些不同于自己的人的宽容，无论这些差异是可见还是不可见的。

当你看到德尔罗布莱社区准确但近乎残酷的统计数据时，你会发现：我校278名学生加入了全国校园午餐计划（National School Lunch Program, NSLP），仅占学生总人数的53%，并且我校的学生流动率高达23%。185名学生是英语学习者，占36%。48%的学生在家里主要使用英语之外的其他语言，校园里共使用着24种不同语言。我校学生由12%的非裔学生，

39%的拉美裔学生，20%的亚裔学生，20%的白人学生以及9%的其他族裔学生组成。就全国层面的研究讲，这样的统计数据使我校处于不利位置。然而我们德尔罗布莱小学的教职工却将之看作我们的独特优势。面对走进德尔罗布莱小学校门的如此多元化的学生，我校教职工在全面发展儿童的教育与培养过程中，展现出了极大的创新与合作精神，以及意志和决心。

紧抓机遇，结合公平问题，实施符合标准的综合性培养项目，为我们带来了另外一系列的"冷冰冰"的数据。去年，也就是2002—2003年，州标准化测试与报告（Standardized Testing and Reporting, STAR）结果显示，我校的学业表现指数（Academic Performance Index, API）由上一年的712上升至754。和上一年相比，一些族裔的学生群体的学业表现指数增长幅度超过了全校增长水平。例如，拉美裔学生的学业表现指数增长了59分，亚裔学生增长了51分，白人学生增长了23分。另外，数据还显示，我校的经济社会弱势群体学生的学业表现指数增长了59分。我校秉持着"促进拉美裔与黑人学生的学业发展，同时保持白人与亚裔学生的继续成长"的办学理念。因为我校不享有联邦1号津贴，并且65%的教师仅有五年甚至不到五年的教龄，所以这一切均是在有限的学校预算条件下实现的。此外，学校在提高家长及社区参与度，吸收已毕业的学生担任学校志愿者，与当地企业发展合作关系，减少学生纪律处分现象等方面也取得了成功。再者，我们还对资优教育（Gifted and Talented Education, GATE）与特殊教育中各族裔学生的组成作出了系统调整，使之与学校招生比例相一致。教育全面发展的儿童是我校坚定的信念。因此，我校教师所追求的专业发展并不仅仅停留在对他们有效地教授课标教材的支持方面，更要有利于帮助他们培养有安全感、幸福感的健康的学生。学校希望培养学生何种品质，自身必先有之。通过学校师生及家长的坚定决心与不懈追求，学校的办学理想必将实现。

让每一个走进德尔罗布莱小学的孩子，最后作为一位发展全面、良好的终身学习者走出校园是德尔罗布莱小学全体教职工与所在社区的共同目标。目标能否成功实现，其衡量标准不仅在于学校的测试成绩如何，更在于每位孩子成为了怎样的人。事实证明，就这两方面而言，德尔罗布莱小学都是成功的。"昨日小小橡果，今朝参天大树。"

——伊薇特·欧文

除标准化测验成绩数据之外，德尔罗布莱小学还使用了另一项数据来衡量各族裔学生学习成绩增长的公平性。该校教师使用学区与州内根据学生种族情况分离过的数据，通过比较不同族裔学生距离良好水平的进步比率计算出了他们之间存在的"机会差距"。如图2.2所示，2001—2002年，德尔罗布莱小学学生的机会差距徘徊在二年级的42.5%与五年级的25.5%之间。

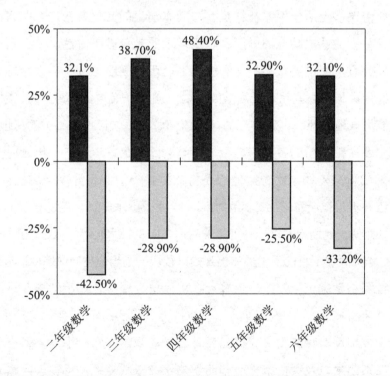

图2.2 2001—2002年德尔罗布莱小学学生数学测验良好率与机会差距

资料来源：Oak Grove School District.

这些年来，黑人与拉美裔学生距离良好水平的进步速率要比白人学生及亚裔学生至少低25%。德尔罗布莱小学的进步目标是在六年级结束时使所有学生达到良好水平。然而据已有的统计数据显示，实现这一目标的希望微乎其微。至少这一目标在该校教育工作者着手解决该校文化、氛围、培养项目以及结构中固有的制度性种族问题之前，是难以实现的。

德尔罗布莱小学的管理者与教师认识到他们工作中种族偏见的存在，并且认识到这些偏见对一些有色人种学生获得成功形成了阻碍，在解决这些问题的过程中，该校的学生成绩发生了峰回路转的变化。该校员工发现，种族偏见在学校的特殊教育、资优教育部门，以及员工聘用过程、教师课堂任务的布置过程中最为普遍。为了进一步解决种族偏见问题，教师还对课程内容进行了检查，例如，检查课堂上所使用的材料是否与所有学生的文化背景均有关联。教师们开始公开分享能够成功地照顾所有学生需求的教育教学方法，并在年级层面进行推广。并且，德尔罗布莱小学的教职工们还积极地与过去很少参与学校事务的有色人种家长建立联系。最为重要的是，通过开展"勇敢对话"，该校所有的员工均能坦诚地面对、讨论自己的种族信仰、期望、评价与心中的恐惧。

德尔罗布莱小学的各项努力带来了显著的成果，该校在一年之内便消除了学生之间的机会差距。同时，他们还将该校各年级的良好率平均提升了15%。不过，这并不是说所有学生就都达到同一学业成就水平了，而是表明不论学生的种族背景如何，他们均能以一种可接受的速率向良好水平等级迈进，正如图2.3显示，以往学业表现不良的学生群体也开始以较快的进步速度向熟练标准迈进。

通过缩小学生机会差距，该校现在可以自豪地称，到小学毕业时，每一名学生均能掌握初中学习所必需的知识与技能。换言之，没有一名孩子会掉队。通过在学校中反对种族主义、提倡教育公平，德尔罗布莱小学还缩小了由贫富差距、性别因素以及英语水平引起的学生学业成就差距。将种族问题当成一项基本问题来解决，德尔罗布莱小学卓有成效地应对了所有已知的学生学业表现影响因素。

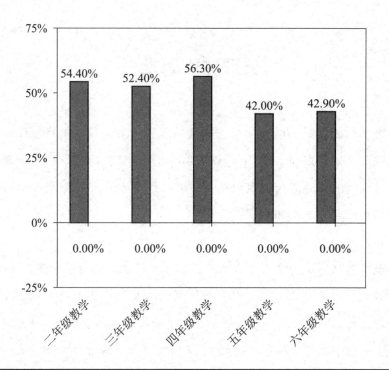

图 2.3　2002—2003 年德尔罗布莱小学学生数学测验良好率与机会差距

资料来源：Oak Grove School District.

思考

根据你所读的内容，哪些文化（即态度与行为）与结构（即项目与政策）变革帮助德尔罗布莱小学消除了种族差距？你在你所在的学校系统中看到过类似的变革吗？变革的程度如何？

处理种族因素

认识到种族因素是影响学生学业成就的重要因素,需要教育工作者就种族问题形成共同的理解基础。然而,教师却常常不愿意去形成这种理解基础,他们反而将种族间的学业成就差距归咎于学生自身。马诺·辛汉(Mano Singham, 1998)对这种现象作出了如下解释:

> 教育传送系统并不存在真正的问题(尤其在他们自己的课堂上),存在问题的仅仅是不同群体学生的接受方式,即黑人学生总是无法以正确的方式对教育作出回应。另一种解释是,主要的问题不在于黑人学生对待教育的方式,而在于我们针对黑人学生、白人学生等全体学生的教学方式。(p.12)

当需要满足学业不良的有色人种学生的种种需求时,教育工作者们努力承担起了个人与职业责任。但是,他们倾向于关注学校外部的各种因素,从学校外部的因素解释学生的学业不良问题,而不是检查自身的教学实践。

处理种族问题时,教育工作者们必须精通各种文化,在此基础上与种族背景、经历、信仰与理解各不相同的学生、家长进行交流。正如丽莎·德皮特(Lisa Delpit,1995a)提到的那样,教师必须拂去"文化镜头上的雾水"(p.xv)。因此,如果教育工作者坚持开展"勇敢对话",他们将会发觉自身视野的局限性,以及他人观点中的合理性,即便有的观点与自身观点截然不同。不过,这些观点的差异并不足以成为证明种族分化的依据,而仅仅是个人种族背景差异的反映。不同的种族背景促使个人形成不同的种族和文化视角差异,从而形成相应的、不同的世界观。

讨论种族因素对教育的影响并非"好受"的经历。这样做的目的不在于促使白人教育工作者感到内疚,也非激发大家对有色人种的同情或是有色人种对白人的仇恨。"勇敢对话"的开展通过真实、彻底的个人探究，以及教育工作者、学生、家庭以及更广泛的社区参与，为责任机制的建立提供了系统化的策略。教育工作者为了学生的发展，加入到这一艰难的工作中。学校应当成为一个所有孩子都能在此获得有效教育的地方。露丝·约翰逊（Ruth Johnson, 2002）对"勇敢对话"作了如下阐述：

> 它可以促进教育工作者、学生以及学生家长对准备不足所导致结果的理解。并且指明某些群体是怎样准备不足的，为什么会准备不足。最终，它将促成当下许多学校及机构预期与行为的转变，如此一来，所有学生都将拥有良好的选择机会。（p.32）

统一种族问题相关术语

在有关种族问题的对话交流中，建立并使用相同的语言表达方式，有助于我们对种族问题如何影响学生的学校教育形成批判性理解。这并不意味着，每个词语只能有一种定义，或者我们必须接受某一种定义。但是，我们认为使用统一的种族问题术语对于他人更清晰地理解我们所要表达的意思非常重要。

种族、种族主义、种族主义者

我们认为，"种族"是一个社会建构概念，指的是美国以及世界其他地区拥有包括（不局限于）肤色、眼睛颜色、发质以及骨骼结构在内的某些相同生理特征的人群。所以，一般而言，"种族主义"可以定义为，认为具备一种特征的人群优于具备另一种特征的人群（如认为白肤、金发、碧眼比棕肤、棕发、棕眼更美）的信仰及对该信仰的践行。继续这种去情境化的定义，"种族主义者"即赞成这种信仰，并且有意无意地使其能够长久存在下去的人。

> **思考**
>
> 我们对种族、种族主义以及种族主义者的定义引起你的共鸣了吗？这些定义与你的定义有何相似与不同呢？
>
> _____
>
> _____
>
> _____

上文的定义还停留在纯粹的理论层面，当我们透过美国历史与当代文化的三棱镜看"种族""种族主义"与"种族主义者"，或者从更广泛的西方文化原则视角看待这些问题时，对它们的定义也就准确得多。我们认为种族主义是个体或群体基于种族偏见，对另一个被认为种族地位低下的个体或群体，有意识或无意识，故意或无意地行使种族权力。

学者杰拉德·派恩与阿萨·希拉德（Gerald Pine & Asa Hilliard，1990）对种族主义的描述则将更多的人牵扯到对有着削弱性影响的种族主义的维护中来：

> 种族主义一方面描述了一种个人偏见与个人歧视的结合，另一方面描述了一种机构政策与实践的结合，这两方面因素导致了某一种族团体或民族团体成员受到不公正的消极对待或贬低。根据惯例，种族主义一般仅用以描述历史上遭遇过歧视的种族或民族团体成员所受到的不公正待遇。偏见、歧视与种族主义不需要意图。（p.595）

我们发现杰拉德·派恩与阿萨·希拉德对种族主义的定义中最为有力的一点，是他们指出了种族主义不需要意图这一事实。

> **思考**
>
> 杰拉德·派恩与阿萨·希拉德对种族主义的定义与你的定义相比如何？根

据他们的定义,你在维护种族主义吗?如果是,你是怎样维护的?如果不是,为什么呢?

_____

_____

_____

朱丽安·维斯格拉斯(Julian Weissglass,2001)在一篇题为"种族主义"的文章中,对种族主义的本质、内涵及其与偏见在基本概念上的差别进行了广泛探讨:

> 种族主义是指特定人群(通常指有色人种)因为其肤色或其他生理特征,所受到的系统性不公正待遇。这种不公正待遇通常由社会机构或受社会机构制约的人,有意识或无意识地以一种有害于有色人种的方式施行。种族主义与偏见不同,一名有色人种同样可以因为偏见而伤害白人。不同之处在于,在这个国家,有色人种每一天都承受着系统的、持续不断的来自个人或制度化的偏见。

上文的阐述通过将种族主义确立为延续对某个特定种族系统性的歧视而大大地拓展了种族主义的内涵。需要注意的是,种族主义中的歧视行为是系统的,并由占主导地位的种族施行。其他种族群体没有在社会范围中维持这种种族歧视行为所必需的种族权力、姿态与地位,使之随时间的推移而不会遭到削弱。维斯格拉斯在文章中引用美国第一位黑人国会女议员雪莉·奇泽姆(Shirley Chisholm)说过的一句话作结:"种族主义在我们国家如此普遍,如此广泛,如此根深蒂固,人们之所以对它视而不见,是因为它是如此常见。"(p. 49)

思考

你对维斯格拉斯以及奇泽姆认为种族主义是系统的、普遍的、无形的以及被占主导地位的种族所维护的主张有什么看法？他们的主张是以怎样的方式表明只有白人才能成为种族主义者的？你的观点是怎样的？

_____

_____

_____

_____

制度性种族主义

当学校或者学区之类的机构一直意识不到种族问题，或者在积极维护甚至推行占主导地位的种族的观点与信仰时，如宣传种族主义不是一个值得关注或纠正的问题的观点时，种族主义便成为一种制度性种族主义了。尽管我们为减少个人或集体的种族歧视行为作出了许多努力，由于教育工作者的不作为，甚至对有色人种学生有害的行为，制度性种族歧视依然在美国文化及教育系统中普遍存在。为了给有色人种学生提供同等的服务，挑战制度性种族主义并谨慎地减少个人种族偏见是至关重要的。

朱迪斯·卡兹（Judith H. Katz，2003）在其代表作《白人意识》（*White Awareness*）中解释"制度性种族主义"时，首次引用了《美国传统词典》（*American Heritage Dictionary*）对"种族主义"的定义：

1. 认为种族导致人类特征与能力的差别，并认为某个特定种族优于另一个种族的信念。
2. 基于种族的歧视或偏见。

接着，她又对上述定义作了如下限定：

偏见加上权力。（p.53）

根据上述定义，制度性种族主义则相当于与权力相结合的，保护进行歧视的种族群体利益的偏见。

为了进一步界定这种权力的本质，林德赛、罗宾斯与特瑞尔（Lindsey, Robins & Terrell, 2003）在他们的专著《文化精通性》（*Cultural Proficiency*）中，将"制度性种族主义"定义为"通过社会机构创造一种旨在对次要种族群体隐晦或直接的压迫中体现信念（种族主义）的环境的权力"（p. 248）。

当制度性种族歧视牵涉学校时，思考对相关问题的讨论就显得非常重要了。制度性种族歧视一般不是师生关系中的核心问题，然而，这种歧视包括了各种互动所发生的机构中的一些不被质疑的设想。这些设想（如亚裔学生更擅长数学学习，拉美裔学生家长不能很好地支持子女的在校学习，以及高阶课程对黑人学生而言太难了）是造成不同种族学生学业成就差距的关键原因。如此一来，制度性种族主义便意味着通过那些拥有位置权力的人，容许这些消极设想长期存在而不受挑战。这些关于有色人种学生及其家长态度与能力的设想，构成了滋生、维护学校中种族不公平现象的教学实践的基础。

恒哲、卡兹、诺特、萨瑟和沃克（Henze, Katz, Norte, Sather & Walker, 2002）提供了一个简约的公式来描述该类型的制度性种族主义：

种族主义 = 种族歧视 + 制度性权力

他们进而对"个体种族歧视"与"制度性种族歧视"的显著差异进行了阐述：

> 当然，任何个体均能对其他个体进行种族歧视。因此，非裔美国人作为个体是可以对白人进行种族歧视的，同样，美国亚裔也可以对拉美裔进行种族歧视，等等。但是从集体层面上讲，在美国，非裔美国人并没有用以扭转与白人之间歧视与被歧视的地位所必需的社会、政治或经济权力。所以，从这一方面来讲，无论非裔美国人或其他有色人种对美国白人存有

多大的种族偏见，他们均无法真正地施行制度性种族歧视，除非他们在积极地支持、维护白人的种族权力。(p.9)

思考

上文中的各位学者对"种族主义"以及"制度性种族主义"的定义在哪些方面引起了你的共鸣？他们的定义与你的定义在哪些具体方面具有相似或不同之处？

_____
_____
_____
_____

消除制度性种族主义的起点首先在于相信种族主义真实存在。不论过去还是现在，学校中绝大多数管理者及校董事会成员均为白人。因此，大多数教育工作者，均受白人的领导与评估，有色人种教育工作者也不例外。这种现象存在于特定的学校或学校系统中时，白人教育工作者便会有意识或无意识地产生一种种族优越感，这种优越感使他们相信，他们有着某些独特的必要技能与知识，能够"恰当地"处理好与所有学生、家长，甚至学校管理者及其他教师的关系。

因为白人教育工作者总是很自然地认为自己应该成为一个处于领导地位的人，所以他们便将对白人种族现状的支持看作是一种理所当然的程序。任何挑战白人种族现状的有色人种教育工作者、家长与学生都将被视为"麻烦制造者""暴徒"，或者"局外人"。通过开展"勇敢对话"，教育工作者们发现，相关各方对这些"挑战"有了更为有效的回应，白人主导的学校系统逐渐开始审视对种族主义的批判，而非不分青红皂白地将之视作一种攻击，或将提出意见的有色人种开除。

制度性种族主义还引发了有色人种学生的种族自卑感与白人学生认为有色

人种学生低己一等的优越感。例如，当白人学生走进高阶班教室，看看班上是否坐着有色人种学生时，他们其实已经无意识地被灌输了白人智力至上的思想。这在教育工作者中是一个普遍存在的观念，即便有色人种学生同样能进入那些以白人学生为主的，被冠以"聪明""荣誉""资优""高阶""英才教育"或者"最佳"等名称的班级学习，这种观念也不受质疑。有色人种学生在这样的班级学习，看不到与自己长相相似的学生，便会认为他们没有能力与白人学生取得同样优异的成绩，并且认为自己在这样的班级是不受欢迎的，或是他们自己不配进入这种班级学习。再者，这样的班级通常由经验丰富、受人尊敬的教师任教，这些教师对于自己的工作满怀热情，进而普通班级的有色人种学生就从这样的体系中了解到，他们在本质上不如白人学生有价值。

据维斯格拉斯所言，制度性种族主义在以下几个方面滋生了有色人种学生的自卑感：

（1）将使有色人种学生处于不利地位的态度与价值观整合进制度化的政策与实践中去（例如，进行差异化的资源分配，或将许多有色人种学生划分到缺乏经验的教师所任教的差班，而学生很少能摆脱这样的安排）。

（2）不加质疑地接受白人中产阶级的价值观（例如，许多中学英语课程编制者中均鲜有有色人种）。

（3）学校消极应对干扰学生学习或良好发展的带有种族偏见的行为（例如，不处理带有种族偏见的侮辱、嘲笑行为，或者仅通过惩罚处理上述行为，而不注重促进双方的交流与理解）。（p.49）

这些在学校中不被质疑的行为是制度性种族歧视破坏性最大的方面，因为这些行为使有色人种学生遭遇被贬低与边缘化，从而在他们与白人学生之间制造出严重的不平等。为了取缔这些有害的做法，无论系统性种族差距存在于何处，学校均必须有意识地集中力量，明确解决问题。

> **思考**
>
> 思考上文对"种族主义"与"制度性种族主义"的定义，你在哪里注意到这些现象明显地、危险地存在于你所在的学校系统中？
>
> _____
> _____
> _____
> _____

反种族主义

在理解种族主义与制度性种族主义的过程中，仅仅成为非种族主义者是不够的。各种族的教育工作者都应当成为反种族主义者，积极地与种族主义及其存在于任何层面的影响作斗争。

反种族主义可以被界定为对制度化白人的种族权力、存在、特权的影响及其延续的有意识的挑战。极为关键的是，我们对制度化白人种族主义的审视并不意味着与白人的对抗，相反，它是一种使各种族的人都能获得同样的机遇与权利的方式，这些机遇与权利是许多白人要求获得、认为自身有权享有，并且理所当然拥有的东西。反种族主义意味着致力于促使美利坚合众国所宣称信奉的理想在每一位公民身上得到落实，具体而言，它意味着确保有色人种与白人享有同样的生命权、自由权，以及对幸福的追求权。

积极行动是反种族主义者的重要特征。仅仅声称自己是非种族主义者，或者称自己"不以种族判断他人"会消极地使种族主义持续存在。为缩小不同种族学生之间的学业成就差距，教育工作者首先需要成为一名积极进取的反种族主义者。反种族主义是对我们每个人如何延续对非主导种族成员的不公正与偏见的，个人持久、深入的分析。

维斯格拉斯将正在积极开展反种族主义工作的学校称为"康复中的共同

体"。在这样的环境中:

> 广泛的反种族主义工作将持续开展。教育工作者将会认识到他们无意识的偏见如何对他们的学生造成了影响,质疑与反思对有色人种学生的低预期等态度,与家长合作,帮助他们支持孩子的学习,并确定种族主义在政策与实践中是如何制度化的。他们将会对他们的课程与教学进行反思,从而增加其对不同文化背景学生的吸引力。(p.50)

反种族主义的学校为学生讲授这个国家中有色人种遭受压迫的历史,并帮助有色人种学生与家长挑战已经内化的种族主义,从内化的种族主义中走出来。反种族主义的学校中的教育工作者并不仅仅停留在对多元化的推崇方面,他们还创建了学生可以讨论他们所遭遇的不公平与歧视的共同体,以促进学校种族主义的消除。在这些"康复中的共同体"中,学生以及他们的学习是大家最为关心的问题。

当白人教育工作者受到鼓励,审视种族问题,并进行反种族主义实践时,他们必须清楚地意识到,白人的特权会削弱他们对反种族主义实践的参与,因为当关于种族问题的对话变得艰难或令人不悦时,他们大可一走了之。而有色人种却天天面临着种族不公正待遇,他们无法轻易地回避种族主义问题。所以,如果白人选择不去解决种族问题,他们的有色人种同事与朋友就必须应对更多的不公正的待遇。心安理得地享受白人特权,对于种族问题袖手旁观,实际上也是对种族主义的一种固化。与此相似,积极地脱离关于提升有色人种学生学业成就对话的白人教育工作者实际上是种族主义者。因为反种族主义者需要积极挑战制度化白人的种族权力、存在与特权。反种族主义工作中不存在灰色地带。

正如奥普拉·温弗瑞(Oprah Winfrey)曾经说过的那样:"种族主义是对人们精神日复一日的损耗,而反种族主义则是对细微之处日复一日的追求。"

公　平

"公平"是教育工作者们在学校开展反种族主义工作时，必须确定其含义的另一个重要的词语。实现所有学生的公平，必须成为所有缩小不同种族学生学业成就差距工作中不可或缺的一部分。如果教育工作者缺乏对公平的关注，必然会造成学生学业成就差距的扩大化，因为造成差距的根本问题并未得到解决。长此以往，这只会进一步剥夺有色人种学生及家长的权力。所有的学生均能从对公平问题的关注中获益，因为一个公平的学校系统是致力于满足所有孩子的需求的。

我们对公平作了如下定义：

"教育公平"是提升所有学生的学业成就，同时

- 缩小学业成就最高与最低学生之间的差距；
- 消除各种族学生学业成就的可预测性及在成绩最高组与最低组分布的比例失调现象。

公平不仅仅是一种存在的状态或者抽象的理想。公平更是一种操作原则，在这种原则的指导下，教育工作者们能够为任何学生提供他们所需的任何层次的帮助。在课堂上，这意味着教育工作者能够满足每一位学生学习并取得成功的个体需要。

再者，"平等"与"公平"之间存在着显著的差异。据德克与迪克森（DeCuir & Dixson, 2004）说：

> 在追求"平等"而非"公平"的过程中，将不公平现象合理化的过程、结构与思想观念并没有得到确认与消除。对平等问题的弥补措施预设公民有着"相同"的机会与经历。只是种族以及种族相关的经历是不同的。因此，有色人种与自身种族及种族主义相关的经历制造了不平等的处境。而

"公平"一词认识到不同种族所处的竞争环境本来就是不平等的,并致力于消除这种不平等。(p.29)

公平并非保证所有学生都会取得成功,而是确保所有学生都能有取得成功的机会,并且都能得到相应的支持。在公平的学校系统中,阻碍学生取得进步的障碍得到了消除。有色人种学生与家长可以确信,学校将能在与白人学生同样的程度上,满足他们的各种需求。公平并不意味着每一位学生在实现他们教育目标的过程中都能获得同样层次的资源与支持,而是说,需求最大的学生便能获得最大程度的支持,从而保证其学业成功。

我们有决心吗?

扪心自问,作为教育工作者,我们有为所有孩子而教的决心吗?阿萨·希拉德(Asa Hilliard, 1995)认为,能否为所有孩子提供优质教育并非教育工作者的经验或所拥有学位如何的问题,而是教育工作者履行职业责任的个人信念问题。

> 为所有孩子而教的知识与技能已经具备了。但是,因为我们生活在一个存在压迫的社会中,教育问题被当成了技术问题,从而否定了其政治根源与内涵……当孩子们拥有了意志坚强的老师,教学过程中的教学法障碍就不复存在了。(p.200)

思考

你认为教育中已经具备了为所有孩子而教的知识与技能了吗?你认为你所在的学校系统对于满足学业成就低下学生的需求的决心与热情程度如何呢?

种族问题在我们的社会与学校中影响深远。面向所有学生（不论其种族）进行有效教学的知识基础已经具备。为了学生的利益，教育工作者们必须决定是否接受这种知识，审视他们的个人信念及实践，并且参与到反种族主义的行动中去。希拉德继续讲道："如果我们拥有追求卓越的决心，我们就能够以一种有助于教师充分激发所有孩子潜能的方式深入地重构教育。"（p. 200）

理解种族问题及其对我们学校教育的影响，同时拥有实现公平的理想与成为反种族主义者的勇气，教育工作者将会坚定自己的决心。唯有如此，他们才能真正认识到，充分激发所有学生的潜能是任何教育工作者都有能力实现的。正如露丝·约翰逊指出的那样："当被问及他们希望给自己的孩子什么时，大多数教育工作者必然会回答他们希望给孩子最好的教育。那别人的孩子难道就该得到的少点、差点吗？"（p. 32）

为给所有的孩子提供他们应得的公平的教育，学校需要分析，他们为有色人种孩子提供了什么，没有提供什么。在缩小不同种族学生学业成就差距时，种族问题至关重要。解决种族相关问题对于学校发现任何阻碍有色人种学生充分发挥其潜力的制度性偏见非常关键。"勇敢对话"是教育工作者们在教育领域，解决种族问题、消除制度性种族主义的一项重要策略。

练 习

种族公平问题相关术语

所需时间：45 分钟。

所需材料：为每一位参与人员准备"勇敢对话工作日志"及以下练习题。

1. 复印以下练习题，每人一份。

2. 在讨论开始之前，让每位教育工作者回答题 1a、2a、3a 与 4a，并写下他们对以下术语含义的理解。

  种族主义

  制度性种族主义

  反种族主义

  公平

3. 请 3~4 名自告奋勇者与全体小组成员分享他们个人对每个术语的定义。并将这些定义进行比较。

4. 根据本章内容展示每个术语的定义。

5. 讨论过后，让每位参与者回答题 1b、2b、3b 与 4b，写下他们对每个术语的新定义。

6. 将所有参与者分为每组 3~4 人的小组，让参与者在小组内讨论他们对这些术语的理解发生了怎样的改变。

7. 结束小组讨论，允许参与者分享自己的任何结论。

8. 让参与者反思他们的个人学习过程，并将练习题保存在他们的日志中，以便以后查阅。

公平术语

1a. 我将"种族主义"定义为

_____

_____

_____

1b. 我现在将"种族主义"理解为

_____

_____

_____

2a. 我将"制度性种族主义"定义为

_____

_____

_____

2b. 我现在将"制度性种族主义"理解为

_____

_____

_____

3a. 我将"反种族主义"定义为

_____

_____

_____

3b. 我现在将"反种族主义"理解为
_____
_____
_____

4a. 我将"公平"定义为
_____
_____
_____

4b. 我现在将"公平"理解为
_____
_____
_____

第三章
墙纸效应[1]
——采用其他数据揭示教育不公平现象

露丝·约翰逊
罗宾·阿韦拉·拉·萨尔

场景：学生的法庭证供

我刚在城市中学读完高中二年级，就要升入三年级了。在我们学校，缺乏教科书，并且缺乏保存良好的教科书是个严重的问题。这使我们的学习变得更加艰难。例如，在学习高中一年级美国历史的时候，我们是没有教科书的。我们不仅没有可带回家的教科书，就连在课堂上也是没有任何教科书的。所以，老师在课上一直讲课，讲课，讲课，把笔记写在教室前方的黑板上。这是一个问题，因为老师讲得太快了，没有教科书，我们根本不知道老师在讲些什么。上了五周没有教科书的课之后，老师从别的班借来了教科书。然而，这些教科书根本不够带回家，所以我们无法使用教科书完成作业。后来，我们老师不得不将所借的书还回去，我们又再次陷入了没有教科书的境地。最终，老师从另外一个班借来了教科书，然而依然是不够我们带回家的。我们使用第二次所借的教科书时还有个问题，这些书很旧，很可能是十年之前或者更久以前所使用的书。我们考试的内容与书中的内容并不一致。因此，即便是开卷考试，我们也"无卷可开"，因为考试的题目并不在我们书上。假如我有一本可以带回家学

---

[1] 本章原为 Data Strategies to Uncover and Eliminate Hidden Inequities: The Wallpaper Effect 一书的第一章。

习的书，有一本覆盖了考试内容的书，我想我能考得好点儿。

今年我们在英语课上只读过一本小说《蝇王》(The Lord of the Flies)，之所以没有读更多的书，是因为我们没有其他书可带回家读。由于我们没有足够的书在课堂上或者带回家读，我们老师不得不将自己的书带到班上来读给我们听。剩余的时间我们就抄写单词或者看电影，我们在课上看过很多部电影。这似乎并不公平。我无法学到我该学到的那么多东西，因为我们老师会时不时地迟到，而这通常又是因为我们有位代课老师说她总找不到教室。大约每隔一两周，我们就会有一位老师或者代课老师上课迟到达15分钟。因为老师迟到，我们就不得不站在教室外面等着他来。

洗手间的情况同样糟糕透顶。因为抽水马桶出了问题，同学们常常无法冲厕所。学校每次都要花很长时间请人来修。学校常常因为洗手间出现故障而将它们锁上。就算学校开放了所有的洗手间，我还是没法使用。去年，这给我带来了一个严重的问题。我早上一到学校就得赶紧去洗手间，然后一直憋到下午放学。结果，我患上了肾感染。医生告诉我，每天不能及时上厕所是造成肾感染的原因。患上肾感染是非常痛苦的，我因此而背疼。我不得不去医院治疗，治疗费昂贵，而且我还因此落下了大约一周的课。

在学校与州政府对我们的教育漠不关心的情况下，学习真的是一件非常艰苦的事情。在我们无法享有与富裕学校同等教学条件的情况下，他们又凭什么期望我们能取得良好的成绩。学校与州政府对我们关注甚少，我们就会对自己关注得更少。我们学校的条件使我们学校看上去相当糟糕。我希望转到别的学校去，转到一所看上去不这么不值一钱、州政府与学校真正关心自己学生的学校中去。

我也希望我能以自己的学校为豪。然而，我应当受到更好的教育。我应当享有富裕学校学生所享有的一切资源，并且当之无愧。

联合学区高中学生威廉斯（Williams）诉加利福尼亚州证供
2001年6月30日

概　述

　　上述场景中的那名学生的供词是 2000 年埃利泽·威廉斯（Eliezer Williams）等人控诉加利福尼亚州等的集体诉讼归档的几千页供词中的代表。经过四年，该诉讼得以结案，诉讼的依据是加利福尼亚州未给公立学校提供获得教学材料、安全得当的学校设施以及合格的师资的平等机会。

　　本章首先创设了一个批判性情境，并提出了深入挖掘数据，以揭示限制许多学生获得教育机会的基础性公平问题的必要性。本书旨在为读者提供框架，帮助他们对学校与学区中阻碍上百万学生获得学业成功的实际情况形成清晰的理解。本书为读者有效揭示造成学生学业失败的复杂原因提供了具体工具。我们还为读者提供了对学校中困扰学生的不公平现象进行反抗的有效策略。最终，我们希望促使大家停止对众多学生学业失败常规化现象的姑息。本章开篇场景中那位学生的话反映了成千名来自最贫困街区以及有色人种社区学生沮丧的心声，对他们而言，接受优质教育只能停留在幻想中。

> 最终，我们希望促使大家停止对众多学生学业失败常规化现象的姑息。

　　我们在本章的第一部分将会对数据在促进学校与学区教育公平中的五种潜在作用进行描述。接下来，我们对全国学生测试成绩数据进行了讨论，并指出了探讨学校及学区中学生学业成就不良现象时，仅关注重大测试成绩数据的不足。本章还简要介绍了目前学生的学业成就模式。之后，我们引入了本章的重要概念——"墙纸效应"，强调了巧妙地揭开数据的"墙纸"的必要性，即揭示造成或加剧教育不公平现象的教育实践、项目以及政策。同时我们还强调，忽视或不恰当地使用探索性问题及其他各种数据提升学生的学业成绩，反而会给学生带来短期的或长久的伤害。通过本章与全书，我们要提出的是，数据信息最终应当为大家带来一种紧迫感，促使大家齐心协力，为孩子、为我们的国家创造一个更加美好的未来。

数据的关键作用：传统数据与其他数据

本书重点讨论了数据在提供信息促使学校与学区为了学生的发展，纠正根本性不公平问题方面所起的关键作用。这里，"数据"指的是能够用来描述学校与学区中以积极或消极方式影响学生学校教育的情况的信息。在很多情况下，数据指的就是测试成绩。然而，即便将这种数据分类，对它的一般使用也只能产生有限的变革作用。相反，如果教育工作者们与同行团体共同合作，使用得当，本书中列举的"其他数据"便能够促进"公平问题影响力"的提高。此类数据能够帮助我们发现关于学校学术文化（见 Johnson, 2002; Johnson & Bush, 2005）以及学生在学校中发展情况的一些有见地的信息。此类信息还为学校与学区应该在其文化及实践方面作出何种变革提供了参考线索（Johnson, 2002; Johnson & Bush, 2005; McKinsey & Company, 2009; Noguera & Wing, 2006）。

我们为使用数据提高"公平问题影响力"提供了五种主要途径。这些途径有重合之处，并且不能完全涵盖所有的数据使用方法。然而，它们代表了运用数据坚决提倡为所有学生提供丰富的教育机会的方法。

途径1. 实事求是：全面反映情况

每一所教育机构的每一项决策都应当蕴含着这样一个驱动性问题：这符合我们学生的最大利益……符合所有学生的利益吗？"这"可以指任何

> 学校、学区以及社区需要清楚地了解，各群体学生身上发生了什么，他们的学校教育中是否存在着不公平现象。

事物——教学实践、教材、课程表、学区制、学校政策、日常工作、人事与预算决策，或学校设施。学校、学区以及社区需要清楚地了解，各群体学生身上发生了什么，他们的学校教育中是否存在着不公平现象。有依据的信息可以很好地帮助我们准确地找到需要重视的具体问题，从而找出恰当的解决方法，合理地分配资源，而非将注意力放在优等生还是后进生、家长对学生的关心与否、教师与管理者称不称职这些措辞上。对数据的仔细分析可以帮助我们深入挖掘我们对学生学业成功影响条件的理解。过去，重大考试是描述学校进步情况的唯一方法。这里，重大考试指的是那种对学生人生有着重大影响的考试，比如，学生会因为考试成绩不良而无法升级或毕业。测试成绩出众的学校往往能得到公众的积极关注。而测试成绩不理想的学校可能就会遭受重组或被接管等严厉处罚。如果学校的测试成绩提升了，学校就会被认为取得了进步。在许多薄弱校中，测试成绩上一年升，下一年降，便会出现"跷跷板效应"。无论如何，一般而言，每年的测试成绩还是能在较小的程度上，揭示出学校是否改变了自己的规范性文化，从而使所有学生成绩的提升稳定下来。

当学校进步的衡量标准涉及所有学生短期或长期的学习进步情况时，数据可以产生巨大的作用。在处于真正的变革（如保障所有学生学习高级课程的机会）中的学校，教育工作者们会对学生的基线信息进行记录与回应，从而可以使学生循序渐进的进步得到验证。与此相似，如果教师鼓励学生发展高级思维技能，学校管理者就应当记录下这项举措在课堂上的实施进展，以及它对学生学业成绩的影响。教育工作者常常将教学实践进展中的改变描述或理解为学校进步的证据。然而，了解学校或学区的真实发展情况需要对各种来源的多样化数据进行分析，尤其需要探讨并回答与学生相关的系列问题。

示例：一个由高中教师、学校管理者以及辅导员组成的工作小组希望了解他们学校不同群体学生的大学升学率。他们怀疑，非裔与拉美裔学生的大学升学率可能较低。校长提出，他在开展班级巡查时，可以通过一个班学生的民族和种族构成情况判断这个班的级别，甚至都不需要看课程表。这位校长及其团队有许多预设，然而，他们之前并未对该问题进行过系统研究。他们列出了一系列问题，其中包括以下几点：

- 参加课程学习学生的民族或种族组成情况如何？语言水平如何？是需要补习还是已达到高级水平？
- 高三学生达到大学升学水平的学生比率是多少？各种族学生的情况如何？
- 有多少学生参加高考（学业能力倾向初步测验，学业能力倾向测验，美国大学测验）和大学预修课程？各种族学生的参加情况如何？
- 怎样制订分班程序？会涉及哪些人？学生与家长将在最终的分班过程中扮演怎样的角色？

校长及其团队确定了相关标准，收集了学校选课人数以及大学升学率的相关数据，并进行了评估，将数据按照学生所属的群体进行分组。数据分析显示，不同民族或种族、不同语言以及不同性别学生的大学升学率之间存在着惊人的差距。他们从初中部收集的相关数据显示出相同的结果。非裔、拉美裔学生以及英语学习者中几乎无人选修代数。

为了对问题进行进一步研究，该团队还对学校管理者、辅导员、教师的角色，以及相关政策、实践对学生志向、分班情况与学习成绩的影响进行了调查。对学生及家长的调查结合学业成就衡量标准所提供的信息令人瞠目结舌。这些数据动摇了工作小组之前对实际情况的认识。他们开展文献研究，走访学校，学习他人在教育非裔、拉美裔学生、英语学习者以及低家庭收入学生方面的成功经验。他们必须抓住一切可以抓住的线索与机会。

这些调查活动揭示了学校政策以及日常环境中存在制度性歧视，如将学生划分到不同水平的班级中去，错误地判断学生的大学升学期望。该团队还发现，不少学生及家长对教育机会缺乏了解，或者存在着错误的认识。许多团队成员受这些数据所揭示出的问题困扰。因此，学校领导层、教师及辅导员获取了数据，并在合议小组中讨论，根据所得数据制订出相关问题的解决措施。学校辅导员采取进一步行动来增加大学预备课程中非裔、拉美裔学生，英语学习者，女生以及低收入家庭学生的人数。管理者通过基线指标与进度指标密切监控各项措施的实施情况与结果。教师为了能给以往学业不良的学生群体教授难度更大的课程而接受相关培训。家长了解到他们孩子所拥有的机会与选择后，改变了原先的做法与期望。学校减少了补习课程，并最终完全取消了补习课程。在这三年的变革中，该校的大学预备课程选课人数大大增加，所有学生群体的大学录取率也大幅提高。学校辅导员与教师们获得了时间与支持，使他们能够以不同的方式开展工作。他们继续使用基线数据，并使用相关数据指标跟踪学生的进步情况。这样一个富有勇气的团队使用数据发现了学校教学中所隐藏的问题，并采取一系列措施促成了学校变革。

途径 2. 检查制度性核心问题

数据可以帮助我们了解某些教育实践是如何反映我们的信仰体系的。历史传统与实践过程形成了许多制度性规范，所以不少教育工作者并没有

> 投入时间强调并改变制度性偏见必须坚持不懈，并且与所有投身教育事业的人通力合作。

经常对自己的个人信仰与对学生潜能的预设进行反思。巧妙地使用数据能够促使我们对个人及体系进行检查，从而完全改变学生所获机会的种类与质量。投入时间去强调并改变制度性偏见必须坚持不懈，并且与所有投身教育事业的人通力合作。

示例：不少学校坚信他们是根据学生的学业成绩将其划分到高级别或低级别课程中去的。学校常常将考试成绩或等级视作分班标准。然而，看到学生的测试分数以及根据种族、民族或者语言水平的分班情况时，我们常常发现，学生的分班仅仅基于学校对他们能力的预设。与亚裔和白人学生相比，标准化测试分数排名位于前 25% 的非裔与拉美裔学生，被划入高阶课程学习的人数比率较低也就不足为奇。面对这样的信息，教育工作者必须进行反思，为何他们作出的决策对学生的生活产生了如此显著的影响。同样，被划入资优班、特殊教育班或低级别课程的学生比率不均衡情况的数据，非常有力地证实了不同群体学生在日常学习中知识获取机会分配不公平的现状。这种模式的存在常常错误

地将学生划分到不适合他们整个学业生涯发展的培养项目中去，从而造成人才的浪费，并导致长远的消极影响。

途径 3. 行动动员

如果数据能够得到策略化的使用，它们将有力地动员家长、学生、教育工作者，甚至学区力量。学校应当为上述群体创造机会，帮助他们收集、分析和阐释数据。这一过程将提高数据的效力与可信度，并促进大家对数据效力及可信度的理解。它还将增强大家为年轻一代的发展开展适度变革的紧迫感。我们不应该主观地认为，家长与年轻一代不具备收集、分析与阐释数据的能力。他们的呼声是非常关键并令人信服的。这些利益相关者所呈现的数据会引发一场针对相关因素的广泛讨论，这些相关因素会影响学生最终的学业成绩以及不同利益相关者在改善学生学习和共同体未来发展进程中的作用。

示例：纽约社区改革组织协会（New York Association of Community Organizations for Reform）发布了名为"种族隔离的秘密"的报告（*Secret Apartheid*, 1996）。该组织成员猜测，非裔与拉美裔家长并未获得附近学校中有关学习机会的全面信息，从而限制了他们为孩子的教育问题作出知情决策的能力。他们决定查明学校中是否存在该类型的歧视现象。他们怀疑家长因其种族或民族的不同，获得的是不同的信息，所以他们收集了数据，用以解释在不同家长群体的待遇方面是否存在偏见。

该组织开展了一项研究，他们从100名学校到访者那里收集数据。那些访校家长属于不同的种族或民族，但住在同一个社区。调查结果包括以下几点：

- 学校工作人员承认，非裔与拉美裔家长要求与教育工作者交谈的次数少于白人家长的一半。
- 学校工作人员为白人家长提供的校园参观次数比非裔与拉美裔家长多两倍半。

- 资优项目相关信息的获取机会因咨询家长种族的不同而不同（New York Association of Community Organizations for Reform School Office，1996，p.1）。

途径 4. 停下脚步，看与听：认真检查实践效果

尝试新的举措的热情容易使学校或学区迫不及待地开展那些用意良好的变革，但往往缺少了如何衡量这些变革影响的预先规划。我们必须抵制这种立刻采取措施的诱惑，在实施变革之前，投入时间确定好应该如何衡量这些变革的成果。一个由数据支持的监控过程能够考虑到中期修正，对积极方向的强化，以及对成功的庆祝。对学生在学校学习过程中的跟踪监控能够揭示他们的进步情况，并对他们在该过程中遇到的教师、学习参与过的课程及项目情况形成一定认识。学校也能够运用这样的信息描述出学生个体或群体的发展情况及模式，从而使学校的政策与实践得到批判性的检验，确定其促进还是阻碍了学生的进步。数据能够揭示政策是怎样对不同学生群体造成不同影响的。

> 数据能够揭示政策是怎样对不同学生群体造成不同影响的。

示例：加利福尼亚州的决策者们为了能让学生在教育初始阶段打下坚实的基础，决定缩小一至三年级的班级规模。然而，意想不到的结果发生了，这项措施对贫困地区的学生产生了消极影响。这项政策为"治疗有时比疾病更糟糕"这句谚语提供了活生生的例子。

罗斯（Ross，1999）对全国最大的学区——洛杉矶联合学区班级规模缩小政策的影响进行了调查。他发现该政策的实施带来了出乎意料的师资重新分配现象，即教师大规模地由低收入地区流向高收入地区。罗斯对富裕学区是这样描述的："在这项方案实施前，他们不存在没经验的教师，在这之后，更不存在了。"（p.1）那些富裕学区收到了一大摞经验丰富教师的求职信，而低收入学区只得退而求其次，几乎只能靠聘用缺乏经验的教师，甚至长期用代课教师来填补他们学校的空缺。

罗斯说："市内贫困地区经验缺乏教师的人数急剧上升，仅仅是班级规模缩小政策降低贫困地区教育质量的一个方面。"（p.3）另外，这项政策还对学校设施提出了挑战。贫困地区的学校更旧，招生人数更多，经常没有足够的教室安置班级规模缩小之后多出来的新班级。因此，他们只能通过合班上课，或者使用图书馆、食堂这些不那么理想的场所充当教室来解决这一问题。我们走访过几所学校，有学生竟然在学校礼堂的舞台上上课，因为那是整个学校唯一可用的地方了。

这里，举这个例子并不是要支持或反对班级规模缩小政策，而是想从教育公平的角度强调，在教育过程中的每个阶段，使用相关数据应进行良好规划的必要性。如果无法在政策实施之前、之中或者结束时运用好数据，也许便会加剧现有的各种差距。

途径 5. 检查所期望的内容

在国家层面上，公众普遍呼吁学校担负起更多的职责，在各个地区，家长与教育工作者们也要求获得教育机构制定的教育规划方案的相关信息。内外部问责制度均需要数据。学校与学区需要制订计划，收集、分析并阐释数据，以解决存在的关键问题。《不让一个孩子掉队法案》颁布了一项关系到教育机构资助与处罚的问责措施。虽然《不让一个孩子掉队法案》涉及许多复杂的政治关系，但其中学校与学区应当为学生的学业表现负责的理念是直截了当并广为公众接受的。当预期明确、监控持续时，个体与组织机构才能发挥最佳表现，数据对这一过程而言非常重要。

> 虽然《不让一个孩子掉队法案》涉及许多复杂的政治关系，但是其中学校与学区应当为学生的学业表现负责的理念直截了当并广为公众接受的。

示例：学区主管及校董事会希望他们学区所有的中学校长能提高该学区未被充分代表的学生群体（如非裔、拉美裔学生、英语学习者、女生等）的代数考试合格率。各学校校长、教师、辅导员以及重点总办公室员工均对代数课选课人数及考试通过率数据投入了极大的关注。

作为日常工作的一部分，学区主管每年都会对各学校校长的办学表现进行评估，并逐个与每位校长一起回顾各自的评估情况。然而，2010年他意识到，他惯常使用的评估程序存在一个大问题。他的评估过程严重地依赖学校在年度测验中的分数，而非衡量目标群体学生代数学科成绩进步情况的相关指标。找到评估程序中的缺陷后，他说"我需要检查我所期望的内容"。随后，他让学校团队确立了另一套评估代数学科成绩进步情况的相关监测指标。校长们也对此类型的评估欣然接受，因为这清楚地显示出了学区工作的重点以及他们作为学校领导对学校的管理权。

数据情境：未履行的承诺

《不让一个孩子掉队法案》使得重大考试量化数据收集与分析行业应运而生。过去，数据的收集、分析、解释与使用并非学校或学区工作的头等大事。而现在，我们可以在教室、在办公室里看到大量的数据。许多教育工作者被这数量庞大的信息搞得不知所措，一片茫然。似乎一下子从极度缺乏数据走向了被数据"淹没"的境地。"基于数据的""基于研究的项目"等词语在文献中随处可见，并被许多教育工作者所信奉。我们经常听到这样自豪的宣告——"我们学校是靠数据说话的""我们学区是一个基于研究的学区"，或者"我们所有的决策均是基于数据的"。当我们深入了解这些决策是基于何种数据时，常常发现存在过分依赖重大考试以及区级评估结果，而忽视了当下其他学术或非学术指标的现象。

我们发现许多学校对测试成绩数据爱恨交加，存在着矛盾行为。如果测试分数低，他们便认为由于各种原因，测试结果是不公正的。然而，他们还是会经常使用同样的数据，将学生划分到不同级别的班级或者培养项目中去，比如资优班、英才班或其他高阶课程、特殊教育以及英语学习者课程（Nichols &

Berliner, 2007)。

美国教育研究协会（American Educational Research Association, AERA）就2002年的重大考试发布了立场声明。美国教育研究协会是一个备受推崇的国际知名专业性团体，它鼓励对教育以及评价进行学术探讨，从而促进研究成果在实践中的应用。美国教育研究协会共有25,000名成员，其中包括来自联邦、州、地方教育机构的教育工作者、教育管理者、研究者、测试与评估专家、教育顾问、研究生以及行为科学家。美国教育研究协会提醒大家：

> 决策者对重大测试的各种应用均出于提高教育质量的目的。例如，决策者希望通过设定高的学业成就标准来激发师生、家长以及教育管理者的努力。对测试结果的报告也许可以将公众的注意引导至各学校与学生群体巨大的学业成就差距上来。然而，如果在教育资源不足，或测试的可信度与效度不足以实现其预期目标的情况下实施重大测试项目，可能会存在潜在的严重危害。政策制定者与公众也许会被不关乎任何基础教育改进的虚假的测试成绩提升误导；而学生陷入教育失败与辍学危险的可能性也会增加；教师也许会因为他们根本无法控制的资源分配不公平问题而受到谴责与处罚；如果高分本身代替学习成为课堂教学的最终目标，课程与教学也将遭到严重扭曲。(p.2)

美国教育研究协会有关重大测试的完整的立场声明，以及对测试项目恰当施行的必需条件可登陆 http://www.aera.net/policyandprograms/?id=378 查阅。

全国督导与课程开发协会（Association of Supervision amd Curriculum Development, ASCD）是在2004年对重大测试发布立场声明的另一家备受推崇的国家级组织。督导与课程开发协会是一家极具影响力的教育领导机构，在全世界119个国家中拥有175,000名成员，协会成员均为来自各学校、各学科的专业教育工作者，其中包括教育主管、督学、校长、教师以及从事教育研究的大学教授。他们关于测试的警戒性声明摘录如下：

包括学生、家长、教育工作者、社区成员以及政策制定者在内的教育决策者均需要及时从各种来源获得相关信息。对学生学习以及教育项目成功与否的判定需要采用多元化的方法获取信息。仅仅通过学业成就测试对学生、教育工作者、学校、学区以及州（或省）或者国家教育系统作出判定是对评估不恰当的应用。督导与课程开发协会赞成在评估系统中使用的多元化措施包括：

- 保证教学艺术与科学中的公平、均衡以及有理有据；
- 加强课程及发展目标的反思性以及学生所学内容的代表性；
- 用以理解并改善教学；
- 旨在促进非本族语者与有特殊需求学生的适应过程；
- 使用有效、可靠的，受专业、科学与道德标准支持的方法，公平地评估所有学生独特、多样化的能力与知识基础（2005, p. 2）。

实现"适当年度进步"目标

《不让一个孩子掉队法案》要求报告不同群体学生的进步或者缺乏进步的情况。总计数据根据学生的种族、民族、语言水平、经济状况以及培养项目（特殊教育）进行分类。分类数据在全国范围内，将人们的关注吸引到了取得适当年度进步（AYP）与未取得适当年度进步的群体身上。未能提升落后群体测试成绩的学校与学区需要承担一定的后果。因为每个州的测试不同，测试表现的分割点不同，良好水平的要求也不同，所以无法在州与州之间比较学生的测试成绩水平。在某个州获得良好等级的学生在另一个州可能就被视为未达到良好等级了。

《不让一个孩子掉队法案》的基本预设是：（1）测试是可信、公平并且准确的，能够反映学生所知道的东西；（2）问责及后果能够为学校与学区提供进步动机；（3）学校与学区知道如何处理公平问题，但却选择不这样做；（4）学校与学区应当承担学生学业进步的责任负担。诺格拉与荣（Noguera & Wing, 2006）认为："某些群体未实现'适当年度进步目标'的公开报告，有助于揭露学区中存在的种族与社会阶层差距，但是这对于帮助他们找出问题的补救方法无济于事。"（p. 7）

> 诺格拉与荣（Noguera & Wing, 2006）认为："某些群体未实现'适当年度进步'目标的公开报告，有助于揭露学区中存在的种族与社会阶层差距，但是这对于帮助他们找出问题的补救方法无济于事。"（p. 7）

实现"适当年度进步目标"，避免承担消极后果的压力，导致了一些不容乐观的做法，从而也引发了我们对一些测试结果可靠性与准确性的怀疑。尼柯尔斯与伯莱纳（Nichols & Berliner, 2007）称：

> 我们国家有必要担心一下重大考试所造成的这种环境了，因为我们已经发现了上百起"成人"因为作弊，而使自己名誉扫地、工作尽毁的事例。重大考试所造成的这种环境还使得学校管理者将一些测试分数较低的孩子"推出"校门之外，或者对将这些低分孩子留在学校中根本不作为，从而导致太多的学生失去了获得高中文凭的机会。（p. xvi）

我们并未见到过任何关于上述情况广泛程度的全面调查，但是相关传闻与报道却屡见不鲜。这使我们得出结论，应当在学校与学区中开展探索性研究，查明上述情况的广泛程度以及使用重大测试作为学校公平问题的主要解决方法的影响。

令人担忧的还有，学校将对进步的关注仅仅局限在分数略低于良好等级的学生（测试成绩处于等级分割点附近的学生）身上。在某些情况下，仅这些学生才能获得特殊帮助。他们被视为最容易进入良好等级的学生。一所拥有2,000多名学生的学校的校长计算出了实现"适当年度进步"目标需要多少名学生之后宣布，"要实现'适当年度进步'目标，我们就差七名达到良好等级的学生啦。快给我找出那七名学生！"另外，学校还为确定哪些学生是"提分者"（资优生），哪些是"拉分者"（接受特殊教育服务的学生、后进生以及英语学习者），展开了一系列分析（Nichols & Berliner，2007）。

对问责制的种种观察使我们得出结论，问责的负担常常落到了学生及其家长的身上。学生考得好时，学校与学区归功于自身。然而，当某些群体的学生成绩不理想时，分数较低的学生群体（拉分者）便会受到"拖我们后腿"的指责。这些被专门提到的群体即非裔、拉美裔学生、英语学习者、特殊教育学生以及社会经济地位较低的学生。而这些学生正是《不让一个孩子掉队法案》努力"不让掉队"的学生。在采取实质性的干预或制裁措施之前，学校与学区在困境中挣扎的状态已经持续多年了。我们几乎未曾听闻有关困境中的学校或学区与学生进入某些学校所付出的真实代价之间的关系的公开对话。很大程度上，《不让一个孩子掉队法案》的承诺并未实现，因为教育系统并未遵循《不让一个孩子掉队法案》所提倡的，将各种要求当作深入挖掘、理解对学生测试成绩"真实""全面"解释的助推器，从而促进实质性转变的发生。

例如，本章开篇提到的加利福尼亚州的威廉斯案（2000）在历经四年的激烈诉讼之后得以结案，诉讼材料中包括几千页来自学生与家长，以及全国最负盛名的教育部门专家证人的证词（可登陆 www.decentschools.org/ 查阅证词处理情况）。该案结案时要求通过立法为薄弱校提供整顿资金，逐步停用年度教学日不足的全年制课程表，制定教材与教学设施的新标准，对存在教师素质以及教师留用问题的薄弱校采取干预措施，并搜集合规性数据。这种解决方法为实质性转变的最终实现、被忽视的薄弱校的学生真正获得他们所应有的关注，带来了希望。

遗憾的是，威廉斯案件结案前后在州各学校与学区中所开展的广泛工作让我们认识到，在许多面向高需求学生的学校中，预期结果并未得到实现。虽然法律规定促成了一些必要的变革，但这些规定尚不足以实现校园文化的深层次改变。

我经常遇到的情况是，规则的制定并未解决核心的制度问题。事实上，威廉斯案件的操作性要求已然沦为对监督察访的情况记录：计算持证教师的数目，检查教学用书与教学设施，包括检查确保每间教室均张贴了威廉斯案件相关要求与投诉程序的通知。这些"数据上"的要求在很大程度上变成了例行的文书工作。虽然一些负责监管的官员衷心力求能够满足威廉斯案件的相关要求，但是我们发现许多一直处于落后状态的学校非常"遵守"威廉斯案件的相关要求。例如，按照要求，学校应当给每位学生发放所有核心学科的教科书，并为每个班级配备持证教师。我们在一所规模较大的城区高中视察时，发现这所学校几乎一半的数学与英语课程是没有教科书的，并且聘用的数学与英语教师不到所需教师人数的三分之一。我们的审查结果反映学校存在违反规定的情况，并要求学校立即纠正这种情况。

事实上，所有问题在开学后第二个月末得到了解决，学校也获得了一份合格的规范遵守证明。不幸的是，到那时，学生们已经错过了第一个季度的代数、生物以及英语课程的学习，其中包括荣誉课程（优等生课程）以及大学先修课程。第三季度末的州学科考试结果证明，整个学年均拥有教科书，并配备了合格师资的学生与那些开学时缺乏这些基本条件的学生相比，具有明显优势。而且，学校施行了"分组教学"，由于主教学进度计划表的限制，有的学生群体连续三年处于这种资源缺乏的状况。那些学生所获得的学业成绩证明，虽然学校通过使用一组数据获得了合格证明，但"其他数据"清楚地显示，这几百名学生的教育受到了严重损害。

当前的学生学业成就模式

2009年4月19日，《纽约时报》（*New York Times*）的头版标题宣称："《不让一个孩子掉队法案》并未缩小种族差距"（p.1）。目前，基于重大考试与教育水平的学生学业成就指标显示，某些学生群体与其他学生群体相比，正在以更快的步伐向前迈进。种族之间的学业成就差距在20世纪80年代有缩小的趋势，但20世纪90年代至今，差距似乎正随着学生年级的增长又在逐步扩大。总体而言，城区与农村学校学生的学业表现水平低于郊区学校学生。而低收入家庭学生以及非裔、拉美裔、印第安裔与一些亚裔学生的学业表现水平低于白人学生。这种差距在基础教育阶段,乃至高等教育阶段均有体现,并且这些学业成就差距还随着学生年级的增长而逐步扩大(McKinsey & Company, 2009)。

图 3.1 与图 3.2 突出了公立学校学生种族、民族以及家庭收入的人口统计情况(Education Trust, 2009)。在我国公立学校招生人数中,非裔、亚裔、拉美裔以及印第安裔学生占 47%。低收入家庭学生(许多为有色人种学生)占全体学生的 42%。预计至 2020 年,5 至 24 岁之间的年轻人人数增长最多的是亚裔(39%)与拉美裔(33%)。那时,白人学生人数占全体学生的比重预期将会下降 6%(Education Trust, 2009)。本章以及全书中的数据均表明,这些群体中的大多数学生,尤其是非裔、拉美裔与印第安裔学生,教育程度是最低的,应对全球化经济挑战的准备也最为缺乏。

这些结果不仅影响着学生本人及其家庭,而且还会对我们整个国家造成影响。麦肯锡公司(McKinsey &Company,2009)在有关我国学校中学业成就差距对经济影响的报告中指出:"本可避免的学生学业成就差距,最终却造成了部分学生未来收入更低、健康状况更差、犯罪率更高这样沉重甚至常常悲剧的后果。"(p. 5)这凸显了每个人对这种差距表现出的关注和担心,以及想要改变这种状态需要作出的努力。

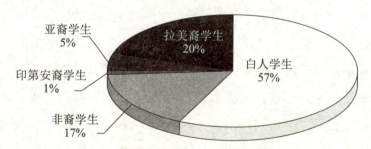

图 3.1　2005—2006 年幼儿园至 12 年级公立学校招生人数(47,418,791 名)

资料来源:The Education Trust.(2009, 4). *Education watch: National report.* Washington, DC: The Education Trust. p.1.

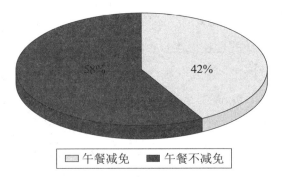

图 3.2 2005—2006 年低收入家庭学生符合午餐减免计划条件的比率

资料来源：The Education Trust.（2009, 4）. *Education watch: National report*. Washington, DC: The Education Trust. p.2.

由于各州的教育进展比较方法存在不一致，教育研究者以及政策制定者采用"国家教育进展评估"（National Assessment of Education Progress, NAEP）报告全国学校的学业进展情况。所报告的分数出自从接受调查的州中所抽取的学生。"国家教育进展评估"中含有及格、良好与优秀三个成绩等级。该测试开始于 1990 年，其测试结果为我们提供了长期的趋势数据。巴顿与柯利（Barton & Coley, 2009）告诫称："所提出的方法中没有哪一种是考虑到学生个人、整个班学生以及整所学校学生从一年的课程教学中学到了什么的。"（p. 5）然而，"国家教育进展评估"提出了"试题图"（item map），用以描述学生能够回答的问题类型。例如，关于八年级数学，白人学生一般"能够计算平方根，而非裔学生一般能画出某个图形的轴对称图形"（p. 5）。如需更多的详细信息，可浏览"国家教育进展评估"网站（http://www.nationsreportcard.gov），以获取更多有关我国各学校的"国家教育进展评估"成绩，或查阅可下载的报告与数据工具。

教育信托基金会（Education Trust）的全国性报告通过使用"国家教育进展评估"与其他指标向我们展示了学生学业成就模式的基本情况。图 3.3 显示，2007 年仅有 31% 的四年级学生阅读分数达到或超过了良好等级。

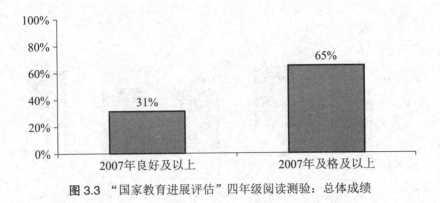

图 3.3 "国家教育进展评估"四年级阅读测验：总体成绩

资料来源：The Education Trust.（2009, 4）. Education watch: National report. Washington, DC: The Education Trust. p.4.

图 3.4 中的分类数据显示了不同种族群体学生的测试表现。图中间的水平线代表良好等级。位于水平线之下的是未达到良好等级的学生群体。非裔与拉美裔学生中未达到良好等级的人数最多。虽然亚裔学生与白人学生中达到良好及以上等级人数的百分比最高，四年级亚裔学生与白人学生中仍分别有 56% 与 59% 的学生未达到良好等级，这表明每个学生群体中均有学生未熟练掌握所学内容。尽管非裔、拉美裔与印第安裔学生群体中成绩等级较低的学生更多，这几个学生群体中均有学生达到优秀等级。

表 3.1 显示的是 1998 至 2007 年间，四年级阅读测验成绩的变化趋势数据。所有学生群体的成绩均有所提高，但是各群体之间的差距依然存在。最后一栏显示的是全国范围内的成绩变化情况，以及不同学生群体测验成绩进步最大的州。

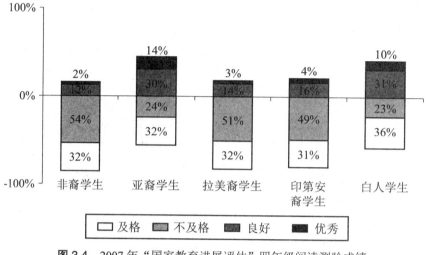

图 3.4　2007 年"国家教育进展评估"四年级阅读测验成绩

资料来源：The Education Trust.（2009, 4）. *Education watch: National report.* Washington, DC: The Education Trust. p.4.

表 3.1　"国家教育进展评估"成绩进步了吗？四年级阅读测验成绩

	NAEP 量尺分数		1998—2007 年的进步情况	
	1998 年	2007 年	全国的进步情况	进步最大的州
非裔学生	192	203	11	24（特拉华）
亚裔学生	211	231	20	30（马萨诸塞）
拉美裔学生	192	204	12	42（特拉华）
印第安裔学生	不适用	206	不适用	17（新墨西哥）
白人学生	223	230	7	15（特拉华，佛罗里达）
全部学生	213	220	7	18（特拉华，华盛顿特区，佛罗里达）

资料来源：The Education Trust.（2009, 4）. *Education watch: National report.* Washington, DC: The Education Trust. p.5.

图 3.5 显示的是"国家教育进展评估"八年级数学测验情况。大部分学生在合格线以上，但仅有 31% 的学生达到良好及以上等级。

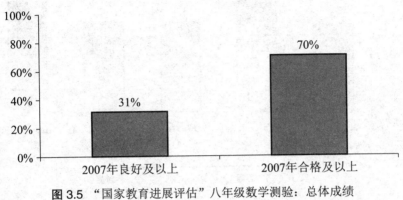

图 3.5 "国家教育进展评估"八年级数学测验：总体成绩

资料来源：The Education Trust.（2009, 04）. *Education watch: National report*. Washington, DC: The Education Trust. p.5.

图 3.6 与表 3.2 显示了"国家教育进展评估"八年级数学测验中不同种族或民族所达到等级的情况。在图 3.6 中可见，达到良好等级及以上的非裔学生仅有 11%，拉美裔学生仅有 15%，印第安裔学生仅有 17%。亚裔学生表现最为出色，达到良好及以上等级的学生人数达 49%。

表 3.2 显示，随着时间的推移，所有学生群体的分数均有所提高。同样，一些州的特定学生群体在阅读成绩方面也有着大幅度的提高。例如，北达科他州印第安裔学生在全国阅读成绩增长 2 分的情况下，实现了 21 分的增长。这可以表明，一些州在提升不同群体学生成绩方面，完成了更为出色的工作。如果一些州拥有有效策略，可以对其他州产生鞭策与引导的作用。当然，在宣称某个州的工作完成得比其他州更为出色之前，我们还需要查看"其他数据"，如基础教育阶段不同学生群体的毕业率、辍学率与大学入学率。现在我们唯一能够肯定的是，根据已有数据，学生的分数有所提高。

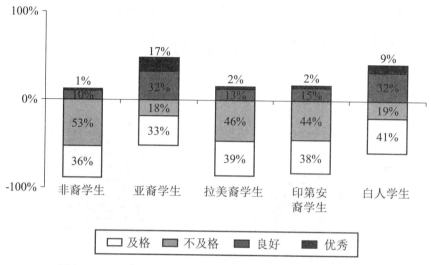

图 3.6　2007 年"国家教育进展评估"八年级数学测验成绩

资料来源：The Education Trust.（2009, 4）. *Education watch: National report.* Washington, DC: The Education Trust. p.21.

表 3.2　"国家教育进展评估"成绩进步了吗？八年级数学测验成绩

	NAEP 量尺分数		2000—2007 年的进步情况	
	2000 年	2007 年	全国的进步情况	进步最大的州
非裔学生	243	259	16	27（阿肯色）
亚裔学生	287	296	9	23（马萨诸塞）
拉美裔学生	252	264	12	24（马萨诸塞）
印第安裔学生	263	265	2	21（北达科他）
白人学生	283	290	7	21（马萨诸塞）
全部学生	272	280	8	19（马萨诸塞）

资料来源：The Education Trust.（2009, 4）. *Education watch: National report.* Washington, DC: The Education Trust. p.8.

遗憾的是，阅读与数学测验成绩前后长达七年的趋势数据，在 2004 至 2008 年间停滞不前。就最低分而言，白人学生的数学成绩有所提高，但非裔与拉美裔学生的成绩没有显著改变（Barton & Coley, 2009）。

其他测试结果与教育水平指标显示出不同学生群体贯穿于整个学校教育阶段的相同的学业成就差距模式。这些统计结果，包括不同学生群体在高阶班、特殊教育班、资优与英才班中的比例不足或比例过高情况，以及不同学生群体之间停学率、开除率、辍学率与毕业率的失衡情况。进一步来说，这些指标和其他类的指标可以对基础教育经历进行追踪。比如在特殊教育中的在校时间以及在学校的状态，还有其他一些有天赋和具有批判性的非学业指标，可以对"停课"和"开除"的情况进行评估（Artiles, Harry, Reschly, & Chinn, 2001; Balfanz & Legters, 2004; Losen & Orfield, 2002; Mckinsey & Company, 2009; Orfield, 2004）。

图 3.7 与图 3.8 分别显示了不同学生群体的高中按时毕业率与公立高校毕业率，呈现出与"国家教育进展评估"测试结果类似的学业成就差距模式。不幸的是，印第安裔、非裔与拉美裔学生依然一直位于通往高教育水平阶梯的低层。

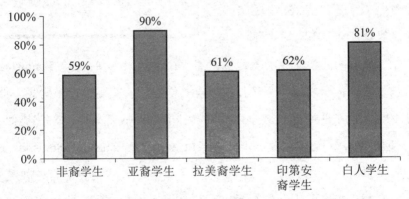

图 3.7　高中学生按时毕业率（2006 年学生平均毕业率）

资料来源：The Education Trust.（2009, 4）. *Education watch: National report*. Washington, DC: The Education Trust. p.21.

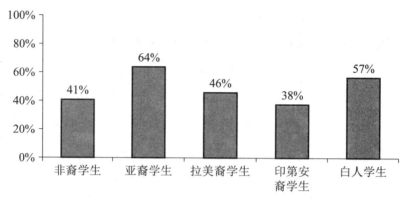

图 3.8　公立高校毕业率（2004 年秋季入学，2006 年毕业学生）

资料来源：The Education Trust.（2009, 4）. *Education watch: National report.* Washington, DC: The Education Trust. p.21.

研究显示，在不考虑学生家庭收入的情况下，不同种族与民族学生群体之间仍然存在着学业成就差距（Ali, 2007; McKinsey & Company, 2009）。这是一个发人深省的事实。一个孩子的种族背景及其对自己学习能力的感知能够超越其家庭收入水平的影响。即便不考虑学生的社会经济状况，不同种族与民族学生群体之间的学业成就差距也依然存在。例如，弗格森（Ferguson）2003 年对家长受教育程度相似的不同种族学生的学业成就差距进行了研究。他发现，同等家庭收入水平的不同种族学生始终存在着学业成就差距。与此类似，麦肯锡公司使用国家教育统计中心（National Center for Education Statistics, NCES）发布的数据报告称，在家庭收入的每个等级中，白人学生的学习进展速度均显著快于非裔与拉美裔学生。综合考虑种族（或民族）与家庭收入因素，种族群体内与种族群体间均存在着学生学业成就差距。总体而言，来自高收入水平家庭的学生，成绩优于来自较低收入水平家庭的学生。然而，对数据的进一步分析显示，白人学生的成绩优于来自任何收入水平家庭的非裔与拉美裔同龄学生

> 一个孩子的种族背景及其对自己学习能力的感知能够超越其家庭收入水平的影响。

的成绩。例如，家庭收入为 25,000 美元或以下的白人贫困学生，与家庭收入为 75,000 美元或以上的非裔学生学习成绩相当。简单地将家庭收入水平看作并认定为学生学业成绩欠佳的唯一原因是目光短浅，因而，我们需要强调关注"其他数据"，以阐明测试成绩数据的必要性。据"国家教育进展评估"的数据显示，白人贫困学生的教育进度大约要比非裔贫困学生快三年半。诺格拉与荣（2007）指出，除经济资本之外，社会与文化资本也在教育事务中家长与学生的协商方式以及被对待的方式方面发挥着重要作用。

麦肯锡公司（2009）在他们最近的报告中称："本可避免的学生学业成就差距，最终却造成了部分学生未来收入更低、健康状况更差、犯罪率更高这样沉重甚至常常悲剧的后果。"（p. 6）他们的研究发现强调了这些差距使个人及国家所面临的巨大损失。他们报告中的典型数据显示出了我们所常见的不同家庭收入与不同种族学生之间的学业成就差距，但他们指出，有的数据常常得不到重视，如居民的种族、民族、语言以及收入水平类似的学区与学校范围内所存在的学生学业成就差异。这类数据表明，我们能够通过转变学校与学区中的政策与实践做法缩小这些差距（Checkley, 2004; Hilliard, 1991; Johnson, 2002; Johnson & Bush, 2005; McKinsey & Company, 2009）。

关于学校与学区是否能够在不变革社会政策的情况下，对学生的学业成就产生实质性影响的争论如火如荼。所有人均赞同，有关就业与卫生问题的社会政策关乎年轻一代，以及他们家庭、邻里的安居乐业。这些问题均需要我们的关注。

公立学校的孩子们也许是在饥肠辘辘、无家可归，或是没有成人监护的情况下来到学校的。这些对学校提出了严峻的挑战。目前也有一些致力于改变社区与学校的创举，如纽约市的"哈莱姆儿童地带"（Harlem Children's Zone, 哈莱姆区为黑人居住区），这是一家非营利性组织，因其在改善社区儿童与成人的生活方面所做的工作而赢得了广泛赞誉。如想进一步了解他们的工作，可登陆他们的网站：http://www.hcz.org/home。

尽管如此，我们从我们的工作与研究中了解到，除学生的家庭背景因素之外，学校系统中的政策、实践、教师配置以及领导力等因素均对学生的学业成就有着巨大的影响。本书将会重点突出学校与学区能够掌控的各种因素与环境。诺格拉与荣（2007）称："……我们能够通过改变学校环境缩小学生的学业差距，如控制学校的规模、学生与辅导员比例，调整将学生划入高级别课程或较低级别课程的分班程序，以及改善为后进生提供学业支持的方法。"（p. 31）麦肯锡公司（2009）在其报告中总结道："全国有许许多多的教师与学校正在向世人证明，种族与贫困并非命中注定。"（p. 6）

墙纸效应：揭示我们所看不到的

结果数据有时可能会粉饰学校与学区中的真实情况。它就如同墙纸一般，可以遮住墙上的裂缝与讨厌的污点。这些数据也许会美化研究结果，但墙纸一旦被撕开，问题便再次浮现出来，以往所贴的旧墙纸或是墙面的主要裂痕便暴露无遗了。当墙纸被局部或是全部揭去时，我们就得作出决定，是消除墙上的污迹和裂痕，还是再贴上新的墙纸（另一场改革）。相较于花时间修理好墙面上的裂痕，在墙面上贴上新墙纸要容易得多。我们并非暗示有不良意图的存在，只是采取快速补救的外部压力会致使人们只采取表面化的行动，而常常忘记了长此以往可能产生的危害。

学校与学区使用的数据通常仅回答了有关学生学习成绩的很有限的几个问题。然而，我们认为，仅仅提问有关学生成绩的一些最表面的问题，

> 然而，我们认为，仅仅提问有关学生成绩的一些最表面的问题，可能会掩饰或者误导我们对那些影响学生学习成效的系统性因素（裂痕）的理解。

可能会掩饰或者误导我们对那些影响学生学习成效的系统性因素（裂痕）的理解。对问题深入探索的缺乏在我们所分析的数据中留下了空白。数据谜题中的细微部分是不明显的。这些难以看到的"其他数据"不被公布，或者不在问责措施行列，尽管如此，这些数据对于解开谜题非常关键。有些数据对学生学习成效

影响重大，对学生产生着长期影响，并且是社会公平与公正问题不可或缺的一部分。将这部分数据放置在显微镜下审视，我们可能会透过这些数据，注意到制度行为，并看到关于真实环境的，与我们所说、所相信或者对学生所期望的不一致的画面。

例如，对辍学率以及毕业率的计算便存在着问题。所公布的数据并不足以反映在整个教育过程中学生身上发生了什么。相关文献向我们展现了早在小学与初中阶段造成学生与学校格格不入、辍学以及不能按时毕业的影响因素。（Quality Data Campaign/Achieve, 2006; Children's Defense Fund, 2007; Editorial Projects in Education, 2009; Flores-Gonzales, 2002; Orfield, 2004）然而，有关这些关键问题的对话在大多数学校与学区中是不存在的。我们会在后面就这些话题提供更多的信息。

学校、学区以及州教育部门应当考虑那些有助于学生获得学业成功的学生及学校文化问题，对学生长期学习成效的影响因素进行跟踪调查。巴顿与柯利（2009）称："……我们需要对一学年中有多少学习真正发生形成一个清晰的认识。"（p. 42）学校与学区和学生的关系最为密切，必须坚持不懈地探究，收集实地数据，从而回答关于公平、途径、学习机会以及文化响应式学校氛围等一系列深层次问题。这需要多种类型的数据，并且可能会揭示出我们学校及教育系统中所存在的一些令人不快的事实。我们必须有足够的勇气，撕开墙纸，审视墙纸之下的情况。

附录 A 为我们提供了一个有关引导学校与学区进行改善的关注领域，以及所应收集与分析的数据类型的简要概述。这个数据表中的很多数据都是可以获得的，但是并没有被有意义地用以指导一线教师、家长、学生，以及学校与学区的领导部门。在本书接下来的几章中，我们会对这些领域进行详细讨论并向大家展示，应当收集何种数据、如何进行数据的总结与分析。与这些指标相关的研究将能够突出其与学生学业成就的重要关联。这里所提到的大部分领域均有着多种数据来源。我们要强调结合多种数据来源，对数据进行全面阐释的必要性。"三角验证法"力求确保结论是从回答同一问题的多种来源的数据中得出，这对于准确地解释数据非常关键。如果没有经过"三角验证法"的验证，结论仍然仅仅是一种主观预设。而"三角验证法"将这些主观预设提升为"研究发现"，从而便可以通过使用富有公平意识的方法解决相关问题。

结　论

我们充分认识到，收集、分析与使用"其他数据"改善学生在学校学习的经历，需要技巧、意志与时间。谁会想做这样的工作呢？唯有那些渴望揭示学生学业成就真实情况的人，那些渴望提高公平影响力的人，以及那些在为所有孩子而教的激情的驱动下，对那些难以回答、鲜有问津的问题刨根究底的人才能完成这样的工作。这项工作需要我们对我们负责的每位学生是否都获得了最佳的教育机会，保持不变的怀疑精神。传统的单变量数据常常令人怀疑，污迹也许就在墙纸之后，这有助于我们形成一定的假设。

附录 A

其他数据概览

这里的"其他数据"并不一定详尽，但是在我们研究中用以论述公平问题的数据里，还是有一定代表性的。一线教育工作者们会毫不犹豫地撕开墙纸，展现他们教育过程中的"其他数据"。

第二章 撕掉墙纸：揭示系统性不公平现象

领域	典型数据	其他数据	文献来源
学生学业成就	• 州重大考试成绩总数据与分类数据 • 绩效评估结果 • 不同学生群体之间的差异数据 • 根据年级与学科分类的分数 • 大学入学考试 SAT/ACT • 高中毕业考试 • 大学先修课程考试成绩 • 高校招生计划 • 快照数据	• 所有根据学生的种族（或民族）、性别、家庭收入及培养项目分类的数据 • 按年级进行分类的数据（见表 2.1 与表 2.2） • 不同班级、不同科目、不同水平的考试通过率 • 确定哪位教师教哪些学生 • 不同级别班级学生的测试成绩比较（例如，高阶班中多少 A 等学生在大学先修课程考试中获得 3 分及以上成绩） • 学业表现等级（良好等）与学生的进步退步情况 • 课程、教学与评价的一致性 • 控制教学难易度的措施 • 英语学习者、特殊教育以及资优教育学生的发展途径 • 学生的留级情况与学习成绩分析 • 各学生群体的学业表现与期望目标的差异（差距） • 差距扩大的趋势与方向 • 个体与群体的相关数据 • 教学与投入的时间 • 教职工与家长学生期望、观念的比较 • 对干预措施影响力的衡量	Adelman（1999） Barton &Coley（2009） College Board（2010） Education Trust（2009） Hakuta, Butler, &Witt（2000） Johnson（2002） Mckinsey&Co.（2009） Noguera& Wing（2006） Singham（1998） State Departments of Education

第三章 学校之旅：从考虑终点开始

领域	典型数据	其他数据	文献来源
辍学	• 辍学学生总数 • 不同民族（或性别）辍学学生数	• 所有根据种族（或民族）、性别、家庭收入及培养项目分类的数据 • 追踪"非辍学"流失学生的去向 • 接受特殊教育的学生以及英语学习者辍学与留级之间的联系 • 基础教育阶段学生未能按期毕业的情况 • 九年级留级（或其他学业支持因素）情况 • 学生成绩单分析 • 学生的意见	Allensworth & Easton（2005） Balfanz & Letgers（2004） Flores-Gonzalez（2002） Neild & Balfanz（2006） Oakes（1985） Viadero（2006） Wakelyn（2009）
高中毕业情况	• 每年学生毕业率 • 各群体学生毕业情况	• 所有根据种族（或民族）、性别、家庭收入及培养项目分类的数据 • 累计提升指数（CPI） • 学生成绩单分析 • 从高中入学至高中毕业，追踪学生课程完成情况 • 从小学起学习分组实践情况与教育水平比较 • 得到标准文凭或其他可替代文凭的学生数量和比例 • 基础教育阶段学校的学生毕业率与大学入学情况 • 学生的意见	Editorial Projects in Education（2006, 2009） Wakelyn（2009）

续表

第三章 学校之旅：从考虑终点开始

领域	典型数据	其他数据	文献来源
大学入学准备情况	・参加学习能力倾向测验（SAT）与大学入学考试（ACT）的人数 ・参加高等数学或自然科学考试的人数 ・修读大学先修课程的学生人数 ・自称有进入综合性大学或两年制专科学院学习计划的学生人数	・所有根据种族（或民族）、性别、家庭收入及培养项目分类的数据 ・各学生群体大学入学机会比（COR）的计算 ・管理课程的难易度 ・与大学同龄人、指导者及团体的联系 ・学习团体的参与情况 ・学生的意见 ・两年或四年制学院的实际录取情况 ・学生及其家长的期望 ・基础教育阶段学校的大学升学情况	Adelman（1999） Johnson（2002） Noguera & Wing（2006） Stanton-Salazar（2010） University of California /ACCORD

第四章 特殊教育与资优教育

领域	典型数据	其他数据	文献来源
特殊教育	· 学业成就差距数据 · 各培养项目的学生人数	· 所有根据种族（或民族）、性别、家庭收入及语言分类的数据 · 特定民族、种族、语言学生所占全体学生的比率 · 参考资料来源（何时、谁）、项目、种族或（民族）、性别、家庭收入学生的划分情况 · 教育服务与名称的准确性 · 教育服务的级别 · 各群体学生的分组类别 · 通识教育项目花费时间的比率 · 预期测度 · 项目开展几年中学生的成绩数据、项目类型 · 对一段时间内目标的实现情况以及学生表现的进步程度 · 进行个别化教育项目分析 · 中级课程的选课人数 · 学生中辍学、开除以及其他行为问题信息 · 学生的辍学、毕业以及大学升学情况 · 所授文凭类型（标准文凭或其他文凭）	Artiles, Harry, Reschly, Chinn (2001) Artiles, Kinger, &Tate (2006) Blanchett (2006) Harry & Klinger (2006) Losen & Orfield (2002) O'Connor & Deluca Fernandez (2006) Olson (2004)

续表

第四章 特殊教育与资优教育

领域	典型数据	其他数据	文献来源
资优或天才教育	通过资优班考试的学生比率	• 所有根据种族（或民族）、性别、家庭收入及培养项目分类的数据 • 通过资优班考试的各群体学生比率 • 特定民族、种族、语言学生所占全体学生的比率 • 资优班培养项目对学生学业成就的长期影响分析 • 资优班学生中各学生群体所占比率，以及高阶课程与低层次课程中各群体学生所占的比率	College Board (2010) Ford & Grantham (2003) National Association for Gifted Children (2008b) Renzulli & Park (2000)

第五章 英语学习者

领域	典型数据	其他数据	文献来源
英语学习者	• 英语学习者学生的总数 • 年度语言水平评估 • 州或其他标准评估 • 教师资格 • 每个培养项目中英语学习者的人数 • 主要语言 • 与其他学校或学区学生的英语成绩比较（差距） • 获得重新划分的英语学习者的比率	• 几年中一直被认定为英语学习者的人数 • 几年中一直被认定为英语学习者人数的学业表现与英语水平 • 根据学生的语言、移民难民地位、教育水平、原居住国以及家庭收入进行分类的数据 • 各科学业成绩、英语课重修成绩，在资优班或者特殊教育项目中的人数比例 • 特定项目的操作定义 • 教师有效性 • 每个项目中的流动率与损耗率 • 每一年英语学习者中的重修学生英语成绩与期望目标之间的比较 • 每一年所有学生英语成绩与期望目标的比较 • 追踪数据还是历时数据 • 五年中获得重新划分的英语学习者的比率	Flores, Painter, Zachary & Pachon (2009) Gersten & Baker (2000) Hakuta, Butler, & Witt (2000)

第六章 衡量学生学业成就相关的非学术指标

领域	典型数据	其他数据	文献来源
对时间的使用	• 预计时间 • 教学实践的分配 • 速度与节奏	• 对校历中的 180 天的真实使用情况 • 教师的计划与实际教学中不同类型与级别课程的时间使用情况 • 偏移到其他活动上的教学时间百分比 • 不同学习水平的学生遵守时间安排的情况 • 不同学生群体课外时间的使用 • 计划延迟造成的时间损失 • 巡回教师时间的流失	Silva（2007）
课外	• 参与各种不同活动（尤其是体育运动）的学生人数的相关数据	• 不同年级、种族（或民族）、语言群体与性别的学生所参加活动或组织的数量、类型（结构化与非结构化） • 学生在各种活动中的参与度 • 非传统学校与参与特殊教育学业成就 • 不同活动与参与的资源配置情况 • 对不同活动的感知——对参与不同活动是否持开放心态，或者对于哪些活动应当参加各种活动是否存在未成文的规定？ • 成人在控制与阻碍学生参与引人瞩目的活动（如参加学生会、学校年刊制作、体育运动与啦啦队）方面扮演的角色 • 不同培养项目中学生的成绩 • 毕业率与辍学率 • 学生的意见	Eccles & Barber（1999） Feldman & Matjasko（2005）

续表

第六章 衡量学生学业成就相关的非学术指标

领域	典型数据	其他数据	文献来源
纪律	• 停学或开除	• 各人群与不同性别学生中比例失调情况 • 师生的种族与性别参照 • 通过参照对课堂管理影响力的观察 • 不同学生群体所受惩罚的严重程度情况 • 学习时间的流失 • 存在于班级与学校中的区别化对待 • 长期影响 • 对文化行为的响应 • 对在校停学与留级情况的监控 • 零容忍政策造成的非有意行为的后果 • 学生意见	ACLU (2009) BASRC (2001) Children's Defense Fund (2007) Civil Rights Project and Advancement Project (2000) Collier (2007) Holzman (2006) Noguera & Wing (2006) Reyes (2006) Skiba (2000) Texas Appleseed (2007)
学生与教职工的流动性	• 概要统计	• 校长与教师的流动率及教职工的稳定性 • 学生的反复变动 • 无家可归学生的相关信息 • 被忽视或不良行为不良的青少年的相关信息 • 学生意见	Search state Website for school, district, and state data on neglected and delinquent youth and pregnant minors

续表

第六章 衡量学生学业成就相关的非学术指标

领域	典型数据	其他数据	文献来源
出勤：教职工与学生	・概要统计（平均每日出勤数/教师出勤、请假情况） ・迟到情况（非重复统计）	・班级学生迟到次数总计 ・各科出勤情况 ・每节课教师出勤情况 ・师生缺勤情况分类 ・拥有长期和多样化短期代课教师的学生与学科的类别 ・学生意见	Noguera & Wing (2006)

第七章 系统性不公平：结构、政策与实践

领域	典型数据	其他数据	文献来源
政策	• 升级 • 留级 • 教学天数 • 校历 • 课程 • 纪律	• 各类时间的使用 • 学生的成功途径——政策对不同群体影响的纵向评估 • 能力分组对特定群体的影响 • 以公平为重点对主教学进度计划表进行评估 • 对所有学科的课程难度进行评估	Bryk et al. (1993) Crawford & Dougherty (2000) Johnson (2002) Losen & Orfield (2002) Noguera & Wing (2006) Shade, Kelly, & Oberg (2004) Valenzuela (2002)
实践	• 课程选课人数/分班情况 • 非正式（我们这里做事情的方式） • 分组与分类情况 • 教师分班情况 • 学生纪律 • 年级 • 所提供的课程 • 内容	• 不同课程、分班、测试成绩以及年级学生的成功途径 • 对主教学进度计划表的分析 • 在校学生——他们正在修读哪些课程？平均绩点如何？ • 辅导员——学生联系名单 • 与学生成绩单相关的成文的分班标准 • 各班辅导员的咨询时间安排情况 • 不同级别班级的种族组成情况 • 通过信息公告板与咨询活动相关设施的分布情况区分高阶班级与其他班级 • 授课 • 文化响应式教学法 • 学习机会 • 各年级以及各学校实践的一致性 • 非传统培养项目课程质量	Adelman (1999) Barton & Coley (2009) College Board (2010) Crawford & Dougherty (2000) Gay (2000) Johnson (2002) Oakes (1985) Valenzuela (1999, 2002) Irvine (1990) Johnson & Bush (2006) Ladson-Billings (1994) Lee (2005) Shade, kelly, & Oberg (2004)

续表

第七章 系统性不公平：结构、政策与实践

领域	典型数据	其他数据	文献来源
教师、辅导员及管理者素质	• 学历证书 • 工作年限	• 对不同群体与不同成绩水平的学生一段时间内成绩的跟踪记录 • 不同学生群体的教师与教辅专职人员分班配置情况 • 不同种族（或民族）与性别学生的分班情况 • 巡回教师 • 拥有长期和多样化短期化代课教师的学生与学科的班级 • 文化响应式指标 • 加入某班级、培养项目以及学校前后，个体与群体的成绩指标 • 学生与家长评估 • 出勤数据 • 增值数据	Cicourel & Kitsuse（1963） Darling Hammond, Berry, & Thoreson（2001） Delpit（1988, 1995） Edmonds（1979） Lezotte（2010）

第四章
师资力量公平[①]

琳达·斯卡拉　凯瑟琳·贝尔·麦肯齐
詹姆斯·约瑟夫·谢里奇

> 在过去十年中，学生学业成就影响因素的相关研究不胜枚举，现在我们清楚地知道，学生学到了什么，更取决于他们的担任教师知道什么。对于学生的学习而言，教师素质、教师的知识与技能，要比其他任何单项因素影响更为重大。
>
> ——琳达·达林-哈蒙德

在学校层面，是否拥有高素质师资是影响学生学业成就的关键因素之一，教育研究者、政策制定者以及教育实践工作者对于这一点已经形成了广泛共识（Cohen & Hill, 2000, 2001; Darling-Hammond, 1999; Ferguson, 1998; Heck, 2007）。当然，详细阐明什么是教师素质，确定应当如何衡量教师素质，是个复杂得多的问题（Rowan, Correnti, & Miller, 2002）。

《不让一个孩子掉队法案》的制定者们，在有关"高度合格教师"的条款中，以特定的方式给教师素质下了定义。根据《不让一个孩子掉队法案》，高度合格的教师是指这样的教师：（1）持有完全合格证书或教师资格证；（2）拥有大学学位；（3）良好掌握任教学科的内容知识（Smith, Desimone, & Ueno, 2005）。根据《不让一个孩子掉队法案》中的相关要求，学校、学区与州有义务确保所有学生均能够拥有联邦所定义的这种高度合格教师。

各州也选择以特定的方式描述了学生对优质师资的拥有机会。例如，田纳

[①] 本章原为 *Using Equity Audits to Create Equitable and Excellent School* 一书的第四章。

西州建立了"田纳西增值评估系统"(Tennessee Value Added Assessment System, TVAAS),对每位教师在学生之前成绩的基础上,对学生标准化测验成绩的贡献进行统计性估计(详细信息见:https://tvaas.sas.com/evaas/public_welcome.jsp)。田纳西模式在全国范围内引起了广泛关注,并在教育研究者与实践工作者中引发了有关使用该模式的益处及挑战的大规模讨论(如 Ballou, Sanders, & Wright, 2004; Doran & Fleischman, 2005; McCaffrey, Lockwood, Koretz, Louis, & Hamilton, 2004; Raudenbush, 2004)。

例如,有关田纳西模式的研究显示,该模式的实施会给被划分给同时负责几个年级教学工作的最低效教师的学生带来强烈的不良累加效应(Prince, 2002; Sanders & Rivers, 1996)。该模式还因其应用方法问题(Bock & Wolfe, 1996; McCaffrey et al., 2004)以及对教师素质定义的狭隘性(完全建立在标准化测试分数上)而遭受激烈的批评。由于以上原因,且许多州尚没有应用田纳西模式所需要的高质量跟踪研究数据系统,其他各州对增值评估系统的应用比较缓慢。

因此,正如上文《不让一个孩子掉队法案》中提到的那样,州问责制度中常用的是其他更易评估或者能够直接评估教师质量指标的方法(如教学经验或所受培训)(Rowan, Correnti, & Miller, 2002)。然而,无论我们采用何种教师素质定义,大量证据均表明,在各所学校中,学生获得高素质师资的机会并非是在一个对所有学生公平的基础上进行分配的,高中尤为如此。有色人种学生与来自低收入家庭的学生被分配到的常常是经验不足、受教育与培训水平更低或者未通过教师资格认证的教师(Ingersoll, 1999; Lankford, Loeb, & Wyckoff, 2002)。

对师资公平情况的审查主要是检查特定学校的师资是如何分配的,即通过公平审查,对学校教师素质四项指标的相关数据进行评估,确定哪些学生在哪些学科或学科领域被哪些教师教。

具体而言,我们开展公平审查时选择了四项指标,这四项指标的相关数据通常比较容易获得(从州、学区或学校层面),并且有研究表明,这四项指标对学生的学业成就有着重大影响(Rice, 2003; Rowan, Correnti, & Miller, 2002):(1)教师受教育水平（所获大学学位）；（2）教师的教学经验（教龄）；（3）教师流动性（每年更换学校的教师的情况）；（4）教师资格认证（对教师是否具有专业教学能力进行认定）。以上四个领域的核心问题是：在一所学校内，这四项指标在各年级、各班级以及各学生群体中得到了何种程度上的公平或不公平分配？例如，与资优学生、普通教育学生所在班级，或高等数学课程班相比，英语学习者、有特殊教育需要的学生所在班级及基础数学班中，获得硕士或以上学位的教师比率，经验丰富的教师比率，教师流动率，未获教师资格认证的教师比率，以及任教于自己专业之外学科的教师比率是否相同？

我们明白，有的教育工作者可能会辩解，教师个人，尤其是"高级"教师（经验丰富、学位或地位较高），享有一定自主权，他们常常选择在高阶班级任教，对此学校领导也无法进行太多的控制。事实上，这正是师资公平审查力图挑战的一点。在研究与实践中，我们与许多学校进行过合作，这些学校已经或者在逐步地变革他们关于哪种教师应当（或者有权利自主选择）教哪些学生的设想。再者，作出这些变革的第一步就是对学校中的师资分配现状形成一个准确的认识。

教师的受教育水平

为了展示如何开展师资公平审查工作，我们首先需要阐明教师受教育水平的衡量指标问题。研究表明，教师对于任教学科知识的掌握情况与学生所学知识的多少是相关的（Hill, Rowan, & Ball, 2005）。虽然教师所持有的大学学位类型并不能直接衡量教师的学科知识掌握情况，但是它能够作为间接衡量教师接受过多少学科知识教育的指标。师资力量公平审查需要回答的核心问题是，教师的学科知识在学校范围内的相对分配情况是怎样的。例如，在有的学校中可能许多教师都拥有硕士学位，甚至博士学位，而在其他的一些学校中，高学历教师寥寥无几。无论学校中所拥有的高学历教师是多是少，重要的是我们需要准确了解学校是如何使用这些教师所代表的资源的。

未经过系统的教师素质指标（包括教师所受教育）分配检查的学校中所出现的典型情况是，拥有所教学科高学历的教师聚集在我们所认为的"高水平"或者更有声望的教学任务中。根据学校的类型，这意味着学校中的高阶教学部门正在通过资优班、高阶班、优异班、预备高阶班、国际文凭课程，或者是连续性课程中的顶级课程，如物理或微积分，进行能力分组。

这里，需要澄清的是，我们并非说拥有高学历的教师不应当教高阶课程，而是说，在整个学校中，师资应当得到公平分配，高学历教师不应当仅仅教高阶课程。学校里的所有学生应该享有向学校中素质最高的教师学习的同等机会。

例如，获得物理学硕士学位的布朗（Brown）老师，也许便需要按照表 4.1 中的课表上课，不仅仅教授高等物理课，也教授入门水平的物理科学。

表 4.1　公平分配的教师课程表示例

	第一节课	第二节课	第三节课	第四节课	第五节课	第六节课
布朗,J.A.	物理科学	物理科学	物理规划	物理 Ⅰ	物理 Ⅰ	高阶物理 Ⅰ

教师的教学经验

与教师的受教育水平指标相同，教师的教学经验也与学生的学业成就息息相关。这一点已经得到了相关研究的验证（Rockoff, 2004），同时让大多数教育工作者直观地看到，教师在获得课堂经验，逐步对班级日常事务管理、问题处理、学生关系处理以及教学策略的运用方面游刃有余时，正经历着阶段性进步（Berliner, 2001）。

对于教育公平审查而言，特定学校中教师经验在不同教学情境中的分配情况依然是其核心问题。有的学校拥有大量经验丰富的教师，而有的学校中，这样的教师相对较少，但是一所学校中师资的分配模式决定着不同学生群体获取经验丰富师资的机会是否公平。

与之前探讨过的教师受教育水平指标类似,在未经系统评估中公平或不公平程度的学校中,教师的教学经验在学校中的分配常常是不均衡的,经验最丰富的教师通常被安排去教"顶级"的班级与学生。对于教育公平审查这一领域,我们将使用一所真实学校的相关数据(表 4.2),看看他们是如何特意将经验丰富的教师分配到各层次的数学课程中,解决师资分配不公平问题的。

　　表 4.2 显示的是一所真实存在的、学生群体高度多样化的高中 2007—2008 学年的教学任务分配表。在该表中,最富经验及经验最为缺乏的教师在各层次数学教学任务分配方面清楚地体现出其平衡性。我们需要特别指出的是,虽然我们认为所列举学校的这项工作成绩值得提倡,但是在美国的大多数高中里,教师经验分配公平的审查结果并非如此。

表 4.2　一所非典型高中的数学组

教师	组别	任教学科	教龄
1	数学	代数Ⅰ	5 年及以下
2	数学	代数Ⅱ,数学建模	10 年以上
3	数学	几何	10 年以上
4	数学	代数Ⅱ,数学建模	10 年以上
5	数学	几何	10 年以上
6	数学	代数Ⅱ,数学建模	10 年以上
7	数学	代数Ⅱ,毕业考试预备课程	6~10 年
8	数学	微积分 AB	5 年及以下
9	数学	代数Ⅲ	10 年以上
10	数学	代数Ⅰ	10 年以上
11	数学	微积分 BC,几何,组长	6~10 年
12	数学	几何	6~10 年
13	数学	代数Ⅱ	10 年以上
14	数学	数学建模,毕业考试预备课程	5 年及以下

续表

教师	组别	任教学科	教龄
15	数学	微积分预备课程，统计学，国际文凭课程	10年以上
16	数学	代数Ⅰ支持课程	10年以上
17	数学	几何	5年及以下
18	数学	代数Ⅰ	5年及以下
19	数学	微积分预备课程	10年以上
20	数学	代数Ⅰ，领导代数Ⅰ的课程教学	6~10年
21	数学	代数Ⅰ	5年及以下
22	数学	微积分预备课程，代数Ⅱ	10年以上
23	数学	代数Ⅰ	6~10年
24	数学	几何，代数Ⅱ	6~10年
25	数学	代数Ⅱ毕业考试预备课程	10年以上
26	数学	代数Ⅰ	6~10年

教师流动性

研究证明，教师流动性与前两节所讨论的教师素质指标相同，与学生间的学业成就系统性差异相关（Lankford, Loeb, & Wyckoff, 2002）。这对于经验丰富的教师而言，不难理解与预测。不论教师何时更换任教学校，在其学会高效自如地在新的日常事务体制与程序中工作并适应校园文化时，都存在一个"学习曲线期"。再者，学校会组织开展各种项目与培训，满足学生的教学需求，而它们通常将大量资源投入到教师培训与专业发展领域。每次接受过培训的教师离职，就需要有新的教师来弥补他们的职位空缺，进而学校又不得不开展新教师培训，之前的宝贵知识便随着教师的离职流向学校大门之外。

不难看出，对于教师流动率极高的学校而言，规划、实施并维持变革几乎是不可能的。而在教育方面面临最严峻挑战的学校正是教师流动率最高的学校（Fuller & Berry, 2006）。我们需要再次提出的是，在考虑教育公平审查指标时，应当将重点放在教师流动率对学校中各种培养项目、各年级、各学生群体有哪些不同影响之上。简言之，问题就是不熟悉学校的新教师（可能拥有教学经验）是如何分配的。

表 4.3 向我们展示了一所小学使用能力分组将学生分配给不同教师的典型例子（A 组是每个年级中的能力最高组；D 组是能力最低组）。学校中的新教师聚集在每个年级（被认为）能力较低的组中。

表 4.3 示例学校中的教师流动性

班级	教师在该校的任教时间（年）
3A	12
3B	15
3C	2
3D	0
4A	5
4B	5
4C	0
4D	1
5A	10
5B	8
5C	2
5D	3

由于在学校中特权常常是与资历联系在一起的，所以在校任教时间长的教师可能会认为自己理所当然地应该教各年级中的能力较高组，也许这只是一种

潜在的想法，但是却得到了现有校园文化的支持。因此，学校中最新来的教师（可能还不具备学校现有培养项目所需的专业素质，或者尚未了解新的学校环境，也可能完全不具备教学经验）总会被分配给学习需求最大的学生。

教师资格认证

教师资格认证是教育公平审查中教师素质维度的第四项指标。与该维度其他三项指标类似，教师资格认证情况也影响着学生对学科内容的掌握。教师资格认证与教师的受教育情况类似，但并不完全相同。换言之，学生在课堂上可能拥有一位获得相应学位，但缺乏其任教科目或内容领域教师资格认证的教师。例如，有的教师可能通过了小学通识课程教师资格认证，但却被安排去教非母语英语课程，而不考虑其是否通过了相关教师资格认证。

这种问题在特殊教育、双语教育、数学、科学、技术等所谓的教师资格认证"高需求"学科领域尤为严峻。与教师素质的其他方面情况相同，农村学校、城区学校以及那些以有色人种学生与低收入学生为主体的学校，被认为正面临着最严峻的挑战。在这些学校中，未通过资格认证的教师与任教于其资格认证学科之外领域的教师最为集中（Darling-Hammond, 1999）。

此外，一些学科领域因为难以招聘到或留住合适的持证教师，而长期被认为是高需求学科领域。例如，图4.1为我们展示了2000—2001学年，德克萨斯州全州新招聘的、不完全符合所任教学科认证要求的教师的百分比情况。

学校层面教育公平审查的核心问题仍然是学校中未获认证及任教于其认证学科之外学科领域的教师的分配情况。通常情况下，大家所认为的程度最深的课程与成绩最优异的学生往往由持有相关教师资格证的教师执教，然而，大部分未通过教师资格认证，或者通过教师资格认证，但认证学科与任教学科不相关的教师，则被分配给了课程程度浅、成绩水平最低的学生。

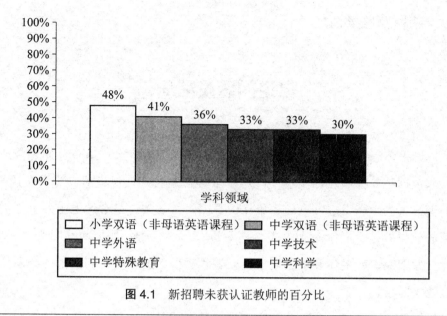

图 4.1 新招聘未获认证教师的百分比

资料来源：Institute for School-University Partnerships, 2001.

本章小结

综上所述，教师所受教育、教学经验、教师流动性以及教师资格认证情况这四项教师素质指标，为我们了解一所学校中不同群体学生获得最优师资的机会公平与否的模式提供了清晰易懂的阐述。此外，我们建议开展教育公平审查的学校收集了多年的教师素质指标的相关数据，从而可以随着时间发展，对获取优质师资的机会差别模式形成更好的理解。换言之，几乎任何一所学校都会在某一年中，迫于环境而作出不尽如人意的师资分配决策，但如果这种不公平的分配模式年复一年，周而复始，那情况便大不相同了。

另外，期望这种模式在没有学校领导与学校共同体有计划地干预的情况下自发改变是不切实际的。如果特定群体学生仍然成年累月地受教于最不合格、最新的教师，那么希望学生学业成就大幅提高，或者学生学业成就差距大幅度缩小，同样是不现实的。

讨论问题及活动

1.如果你想在你的学校中就教师素质领域开展教育公平审查，你将会从哪里获取数据呢？你所在的学校中，这些数据都系统地被保存着，可供查找吗？你是否必须去学区中心办事处收集相关数据？是学校还是学区中心办事处拥有可用的数据？是否必须对个人人事档案进行详细检查？如果数据不容易获得，是什么原因呢？如果你要求获取学校或者学区层面的数据，相关部门会向你公开这些数据吗？

2.假设你所在的学校就教师素质领域开展了教育公平审查，并了解到学校的教师流动率高，新手教师以及学校的新教师在各年级、各种教学任务的分配中存在着不公平现象。具体而言，这些现象为什么会造成你们学校的学习不公平问题呢？你们学校中有哪些培养项目（课程、教学、纪律、学生成功等）需要新教师获得专业发展后方可胜任？哪些项目学校不再为新教师提供相关培训？你们学校中存在着哪些环境因素，经验更为丰富的教师逐渐习以为常，然而却给新教师造成了困难？你们学校是否已经制订了协调一致的方案，以解决这些问题？

第二部分
致所有科任教师及其支持者

第五章
通过策略化教学帮助多元化背景的学习者①

邦尼·戴维斯

　　好的教学会带来良好的结果，它能够促进学生去学习。本章主要围绕良好的教学展开。在我们从教的前几年，那还是20世纪60年代，在我们许多人眼中良好的教学全是关于内容的，即我所知道的并要教给学生的东西。如今的教育工作者们与我们那时相比对该领域有着更多的了解。回忆过去，我们意识到良好的教学包含了早年我们经常忽视的一些因素，这些因素能够使学习过程、教学过程以及期望变得更为明确。你有没有像我们做过的那样，对自己的学生说"相信我便是了，我们会得出那样的结果的"？其实，我们知道自己将要向何处去，但是却未必向学生提供了关于目标实现过程的信息。直到我们阅读了有关学习风格的相关研究（Silver, Strong, & Perini, 2000）后才明白，我们让那种需要整体图像的综合型学习者，以及需要了解与控制每一处细节的具体型学习者感到多么沮丧。创造性、直觉型学习者倒是喜欢这种教学，因为他们时不时地问是否可以这样、那样，或者以完全不同的方式来完成项目时，我们会越来越兴奋，而非直接对他们说"不行"。这种类型的教学考虑到各种思维与学习方式，但学生常常无法对完成学习任务中的思考与学习过程形成显性的理解。

　　20世纪80年代，麦德琳·亨特模式（Madeline Hunter model）开始影响我们

---

　　① 本章原为 *How to Teach Students Who Don't Look Like you: Culturally Relevant Teaching Strategies* 一书的第十一章。

学区，情况发生了改变。作为教师，我们要接受该模式的培训与评估。该模式使我们的教学方式产生了巨大的改观。之后，在大脑研究领域中，大卫·索萨（David Sousa）、埃里克·詹森（Eric Jensen）等人的研究成果应运而生，我们开始明白为什么课上所做的一些事情能够产生成效，例如，运用幽默与新颖的方法。

一天，在给中学高年级学生形象地展示写作文是件多么不容易的事情时，我无意中运用了新颖性方法（Jensen, 1998; Sousa, 2001）。我告诉他们，当第六次从教授那里拿到被打回来的论文第二章时，我火冒三丈，一个 30 页的章节，光草稿就打了 180 页。那时，我的学生们正为一篇三页的作文抱怨不迭。

第二天，他们到教室的时候发现，所有的课桌被堆到了角落里，地上铺了一地的论文草稿，我把那 180 页的论文草稿用胶带一张张粘在一起，铺在教室的地板上，学生们清清楚楚地看到了论文的修改过程。

随着写作教学知识的增长，我们开始使用写作评估准则辅助学生的写作。我们组从来不用红线划去学生所写的文章，或者替他们写作文。教学的时间越长，我们对学生吐露的心声便越尊重。唐纳德·格雷夫斯（Donald Graves, 1989）与南希·阿特维尔（Nancie Atwell, 1998）的研究帮助我们理解了尊重学生真实想法的重要性。同学们开始自主地写出更为真实的内容，因为他们相信我们会从他们的文章中找到隐藏着的珍珠，并肯定他们为书写自己的故事所付出的努力。

应用相关研究成果

最近几年，罗伯特·马尔扎诺（Robert Marzano, 2004）的研究启发了我们的教学。他在《建构提高学业成就所需的背景知识》（*Building Background Knowledge for Academic Achievement*）一书中，阐释、总结了从更深层次上激活学生已有知识所需的条件。

此外，差异化教学运动（Gregory & Chapman, 2002; Tomlinson, 2003）同样

使我们的教学受到启发。虽然之前我们也会自然而然地通过几种方式进行差异化教学，但是我们并不理解其中的原因（大多数情况下，我们是为了使课堂多样化）。现在，玛西娅·泰特（Marcia Tate, 2003）的《习题无法促进树突生长：调动脑的教学策略》（*Worksheets Don't Grow Dendrites: Instructional Strategies That Engage the Brain*）等著作，使得将适于脑的教学纳入我们的差异化教学模式更为简单。

正如威金与麦克泰（Wiggins & McTighe, 1998）在《重理解的课程设计》（*Understanding by Design*）中提到的那样，使用教案设计模式，能够使我们在继续提升课堂教学的同时丰富我们对内容教学的规划。麦克尤恩（McEwan, 2002）写道："现有的教案设计模式不下24种，有经验的教师会选择最适合他们的教学内容、学习结果、学生以及他们自身的模式。"我们所要做的是找到一个能够为己所用的模式。

良好教学的特点

过去的十年中，我们有幸能够成为兼具大量的相关研究成果与思考周密的教育实践工作者，在继续增进对教学艺术性理解的同时，促使教学变得更加科学化。

有时，我们教师会抱怨教学是个艰苦的工作，事实的确如此！这是一个需要长时间工作、需要感情上的付出与回报的差事，并且其他工作需要投入的，作为教师一样都不能少。除非你打算像电影《学店》（*Teachers*）中的迪托（Ditto）老师那样，让学生做习题做到想死，否则教学真不是个能用来轻松谋生的活儿。

在良好的教学中，你通常会发现以下特征：

- 良好的师生关系

- 对学生较高的期望
- 凝聚为学习者共同体的班级
- 良好的班级管理
- 基于研究的教案设计，应用特定模式
- 教学目标设定
- 显性教学
- 思维导图
- 在教学或学生作业完成之前展示评估准则
- 非语言组织者
- 评估与问责
- 为未来的成就设定目标
- 幽默
- 来自学校辅导员、特殊教育教师、护理人员等专业工作人员的支持
- 良好的同事关系
- 来自评价者的宝贵反馈
- 对于教学是一项专业而非仅仅是一项工作的信念
- 专业发展机会
- 练习所教学科内容的机会——如果你所教的是英语学科，可获得练习写作、发表文章的机会

良好教学的其他特征，在此不再一一列出，最基本的一条是，师生均感受到支持时，学习过程便发生了。有了教师对教学内容的接触，并且学生相信教师关心自己，学生便会投入到与教学内容及关心他们的教师的互动中去。

思考

1.你的教学有哪些优势？所面临的挑战是什么？

2. 研究成果是如何启发你的教学实践的?

3. 你将怎样提升自己的教学实践?

4. 为提升你的教学实践设定三个目标。

激活元认知的策略

在《每位教师都该了解多元化的学习者》(*What Every Teacher Should Know About Diverse Learners*) 中,唐娜·沃克·泰尔斯顿(Donna Walker Tileston, 2004) 提出了激活学生元认知系统,帮助他们作好学习准备的五项策略。

- 制定目标,并向学生展示目标。

- 向学生展示如何制定个人学习目标（Bishop, 2003）。
- 为学生提供语言与非语言组织者作为指导（Tate, 2004）。
- 教学生如何进行自我对话（Payne, 2001）。
- 在学习之前，向学生展示评估准则（Tileston, 2004）。

多元化学习者需要理解他们完成某一项课堂任务的原因，并且需要将之与自己的个人经验相结合。有关多元化学习者的文献（Marzano, 2003; Payne, 2003; Tileston, 2004）反复证明了这一点。制定目标，为学生提供组织工具，教学生学会自我对话，并为学生展示相关评估准则，赋予了教学更多的意义。在选择教学内容材料时，考虑多元化学习者的差异，能够促进教学内容与学生个人生活之间联系的建立（Tileston, 2004）。

良好教学的检查表

教育领域中富有支持我们更好地开展教学工作的资源。如果将你的教学工作视为一个连续整体，那么每一次新的教学机会则是你在通往卓越课堂道路上迈出的新的一步。利用下列检查表进行反思。

表 5.1　教学检查表

序号	检查内容	是 / 否
1	我知道我希望学生学到什么（持久理解力）	
2	我正使用某种设计模式进行教学规划	
3	我正使用内容材料，并且必要时使用补充材料，以适应多元种族学生的需要	
4	我理解学生的学习方式与学习速度是不同的	
5	我会为需要的学生留出额外的时间	
6	我的教学与学生的学习风格相匹配	

续表

序号	检查内容	是/否
7	我让学生设定了每日进展目标与长期目标	
8	我向学生展示了评估准则，这样他们便知道自己是被怎样评估的	
9	我正在进行差异教学与适用于大脑的教学	
10	我掌握了激活学生背景知识的具体策略	
11	其他	

思考

从该检查表中，你获得了哪些认识？

_____

_____

下列活动吸引了多元化学习者的兴趣，并整合了小组合作学习策略中的研究性学习策略，以及实践性学习与高级思维技能。

面向多元化学习者的跨学科活动建议

（数学、科学、社会、艺术、体育、健康、家庭消费学）

• 数学

级别：小学、初中、高中

掌握标准：掌握数学用语

学生制作一本"个人词典"，里面是他们自己收集的一些词语（Tate, 2003）。每名学生制作自己的专用词典，为所收集的词语添加说明，并用自己的话进行定义。当地一名教师在使用这种方法方面做得非常成功，并且他还让学生在考试中使用这些词典。词典每一页中的词汇均按照"弗瑞尔模式"（Frayer Model）进行解释。

• 科学

级别：小学、初中、高中

掌握标准：掌握生物的特征

学生选择身体的一个器官，将自己当作这一器官，以第一人称写一个关于它的故事，例如，约翰选择肝，他就要写得像是肝在讲故事一样。这种做法使学生在锻炼创造性写作技能的同时，将器官的生物学功能融入自己的故事中去。学生们给他们的器官故事配上插图，并与同学分享。最后，将学生的成果挂在教室或学校的走廊中进行展示。

- 科学

级别：初中、高中

掌握标准：掌握科学探究程序

教师们先以常规的方式对学生进行实验指导。他们对学生真正开始动手完成实验任务所花的时间进行计算。在下一次实验中，教师们以一种不同的方式进行指导。这次，教师们每次只给出一条指导语，然后等待所有的学生完成指示。例如，"将你们的实验手册拿出来（等待所有学生完成这一任务）""安静地走到你们小组所在的位置（等待所有学生完成这一指示）"。教师们再次计算学生真正着手做实验所花的时间，并比较哪种指导方式最有效。教师们每次给出一条指导语时，英语水平有限的学生可能表现得更好。而令教师们惊讶的是，他们也许发现这种指导方式更为省时。

- 社会

级别：小学、初中、高中

掌握标准：掌握个体与制度及文化传统的关系

学生将自己当作是教科书中的历史人物，以第一人称写日记。例如，在学习美国内战的时候，一名学生以林肯总统的口吻写日记，而另一名学生则可能以种植园主玛丽·托德（Mary Todd）的身份写日记，诸如此类。允许学生自主选择他们想选的历史人物，否则，他们的积极性会被削弱。学生完成日记之后，让他们为自己的日记制作封面。当地一所中学在学习这一单元的时候，用棕色的纸袋（边缘用火烧以制造效果）、被套上的碎布、缝在一起的领结，以及将其他各式各样的材料拼接起来，制作出了多种富有创造力的日记封面。

- 数学

级别：小学高年级、初中、高中

掌握标准：习得数感

学生以说唱的方式描述数学功能。如在进行约分说唱的过程中，一名学生说唱时，其他学生齐声回答:"约分!约分!"这种做法为所有学生提供了参与的机会,并且使英语水平有限的学生有机会以一种轻松的方式说英语。

- 科学

级别:小学、初中、高中

掌握标准:了解宇宙的组成与结构,人类活动对资源与环境的影响

使用实地考察旅行录像。当地有位教师曾经用录像机录下了他夏天在蒙大拿州的探索之旅以及在密苏里州森林中的旅行,还录下了他在夜间使用望远镜观察到的景象。之后,他便在这些录像资料与课程内容最匹配的时候,将它们展示给他的学生看。这种做法增加了学生的背景知识,这正是罗伯特·马尔扎诺在其专著《建构提高学业成就所需的背景知识》所提倡的策略之一。

- 数学

级别:小学高年级、初中、高中

掌握标准:习得数感

利用体育赛事中的统计数据教数学。将在多元化学习者的各种不同文化中受欢迎的体育赛事融入数学教学中去。例如,足球(在美国之外的大多数国家被称作"football")在许多国家都大受欢迎,篮球、棒球与橄榄球也吸引着众多多元化学习者。结合学生的生活及兴趣,能够提升他们对我们教学的兴趣(Marzano, 2004)。

- 数学

级别:初中、高中

掌握标准:在工作场所或其他情境中应用数学运算

学生使用公共班车表。乘坐公共交通工具的学生可以教其他不乘坐的学生如何使用班车表。在当地学校的课堂上,每天乘坐公共汽车的多元化学习者们给一些优秀生上了重要的一课,教给了他们如何阅读当地的班车表。

- 历史与社会

级别:小学高年级、初中、高中

掌握标准:地理研究与分析的主要因素,以及它们与社会及环境改变的关系

每位学生选择一个自己感兴趣的国家,利用互联网与图书馆以及其他资源,对该

国家进行为期几周的研究,然后以该国公民的身份写一篇日志。学生们搜集所研究国家的食谱,制作该国的地形模型,并收集该国的手工艺品。整个班为学生家长及学校员工举办"国际之夜",每位学生有一张桌子,放着他们自己的作品以及招待参与者的食物。当地一所中学每年都会举办这样的活动,并且活动现场总是挤满了前来参与的家长。学校管理者与教师对学生的家庭经济状况考虑得非常周到,会为贫困生提供他们完成这一活动所需要的东西。

• 艺术

级别:小学、初中、高中

掌握标准:视觉与表演艺术之间的相互关系,以及艺术与其他学科之间的关系

如果你是位艺术教师,思考一下你的专业知识技能。你是能为核心课程领域教师提出宝贵建议,促进美术和表演艺术与他们所教课程结合的最佳人选。本书中的大多数活动都很适合与美术和表演艺术相结合。

• 健康与体育

级别:小学、初中、高中

掌握标准:身体与心理健康的原理与实践

学生对他们自己的身体与心理健康实践进行调查。他们选择一个自己感兴趣的话题,如体育锻炼、良好的饮食习惯、心理健康等。学生们以小组为单位,并利用互联网与图书馆资源,对他们的选题进行研究。他们准备好专题演讲,并在班上进行展示。

• 家庭消费学

级别:初中、高中

掌握标准:用以评估健康,降低风险因素,避免危险因素及高风险行为的方法

由学生自行分组,或由教师进行分组。学生对一个特定的食物群进行研究,他们从该食物群中选择一些经研究证明有益健康的食物进行烹饪。学生以专题的形式对他们的研究成果进行展示,接下来还会以所研究的食物群中的食物为食材准备一顿饭。准备食物时,可别忘了香草与调料的好处。

本章概括了学习过程,并为教学工作的改善提出了诸多建议。站在教室前大谈教学内容是不够的。我们的学生应当拥有策略以指导他们的学习,帮助他们取得学业的进步。幸运的是,对学习的各种研究为我们的教学实践带来了启

示，并且我们现在对良好教学的标准已经形成了一定的认识。

＊　　＊　　＊

推荐书目

Marzano, Robert. 2004. *Building Background Knowledge for Academic Achievement.*

McEwan, Elaine K. 2002. *Ten Traits of Highly Effective Teachers: How to Hire, Coach, and Mentor Successful Teachers.*

Payne, Ruby K.（2001）. *A framework for understanding poverty*（Rev. ed.）. Highlands, TX: Aha! Process.

Stone, Randi. 2002. *Best Practices for High School Classrooms: What Award-Winning Secondary Teachers Do.*

Tate, Marcia, L. 2003. *Worksheets Don't Grow Dendrites: Instructional Strategies That Engage the Brain.*

Tileston, Donna Walker. 2004. *What Every Teacher Should Know About Diverse Learners.* Tomlinson, Carol Ann. 2003. *Fulfilling the Promise of the Differentiated Classroom.*

第六章
多元化与权力[①]

卡尔·格兰特

哈努谢克（Hanushek,2008）等人问道："促进经济增长的是处于顶层的几个研究火箭的科学家，还是我们需要的'全民教育'？答案并非非此即彼，而是二者不可缺一。"(p.2)他们的问题与回答突出了教师确保所有学生学习机会的重要性。在本章中，笔者会对多元化及其与学生学业成就的关系展开论述，并探讨不平等的权力关系所造成的影响。

多元化

你是何时开始真正注意到多元化程度的稳定提升的？是在你经常去的地方吗？还是在你去商场，或是在餐厅吃饭的时候？或许当有人提到你们学校招收了一些移民家庭子女或索马里难民子女时，你了解到学生多元化程度的提升。又或许你是在你们校长宣布学校将要开展双语教学或英语非母语教学项目时，或者在看到统计数字显示你们学校有50%的学生享受午餐减免时，感受到多元化程度提升的。从另一方面讲，或许你正是因为多元化的缺乏而注意到了多元化问题。换言之，你在商场、餐馆感受到人口的多元化，但在你们学校却看不

[①] 本章原为 *Teach! Change! Empower!:Solutions for Closing the Achievement Gaps* 一书的第二章。

到同样的情形。具有讽刺意味的是，你发现学校中的种族与民族多元化程度正在降低，并且大家对社会多元化程度提高而学校多元化缺失的问题缄默不语。这里，我们要提到，奥菲尔德与芸（Orfield & Yun，1999）以及博格与奥菲尔德（Boger & Orfield，2005）称，在一些城市地区以及美国南方部分地区，学校中存在着走向种族及社会经济隔离的趋势。

6.1 思考

你能回忆一下你第一次在课堂上或学校中与多元化学生接触的经历吗（如你第一次教种族、民族或母语不同于自己的学生，或者你第一次被安排去教一个有色人种学生超过白人学生，或者几乎占全班学生人数的 1/3~1/2 的班级）？

1. 描述你首次接触多元化学生的经历。

———————————————————————————
———————————————————————————
———————————————————————————

2. 你是怎样认识到这种变化的？

———————————————————————————
———————————————————————————
———————————————————————————

6.2 思考

你对多元化的定义是什么？将你的定义与另外一名老师或朋友的定义进行比较。然后，再将你们二人的定义与下文对多元化的定义进行对比。首先，写下你们的定义，并讨论它们的异同。它们在哪些方面相似，并存在哪些较大差异？

1. 在下方写出你对多元化的定义。

———————————————————————————
———————————————————————————

2. 在下方写下你与另外一名老师（或朋友）定义的相似与不同之处。

相似点：
___
___
___

不同点：
___
___
___

  笔者对多元化的定义涉及在学校政策、实践以及更广泛的社会范围中产生一定作用的种族、民族、性别、残疾、社会阶层、语言、性取向、宗教信仰等因素。换言之，人有多重地位、身份与角色，人们的地位、身份与角色在不同的环境中、以不同的方式与他们的性别、社会阶层、民族（或种族）以及性取向等社会标志相互影响。语言与宗教（精神）信仰也是影响人们的地位、角色与身份的社会标志。这里对多元化的讨论集中在个体（个人）在学校环境中的经验层面。然而，我们必须记住的是，目前，当地乃至全球范围的这种讨论正在进行。进而，这里所描述的知识、生活经历以及环境的多元化对旨在挑战现状的各种行动措施有着重大的意义。

6.3　思考

  你是怎样确定并描述自己的社会标志的（如民族、社会阶层）？请对你的社会标志进行描述。
___
___
___

6.4　思考

1. 你是怎样看待笔者对多元化的定义的？

_____
_____
_____

2. 笔者对多元化的定义与你及其他老师（或朋友）的定义相比如何？

_____
_____
_____

3. 我们能从彼此的定义中学到什么？如果我们有机会一起喝咖啡，你会就我的定义发表怎样的看法？提出你的最佳建议吧，我非常乐意接受！

_____
_____
_____

肯定多元化

笔者在整本书中要讨论的不仅是多元化的问题，而且还有对多元化的肯定。关于肯定多元化，笔者指的是，教师应当采取一种积极主动的立场，支持学校与社会中不同社会文化群体的历史、文化的发展，以及包容不同社会文化群体的差异性。肯定多元化，要求教师努力更正所存在的偏见与刻板思维，以一种涵盖了多种视角、叙述及理解方式的方法开展教学，并着手解决权力与特权问题，如此一来，所有的学生才都有机会获得成功。

在现今的生活中，存在多种形式的多元化是显而易见的事实。然而，没有真正的参与投入，多元化也只是一句空谈（Eck, 1997）。换言之，支持多元化，需要理解、接纳与欣赏我们自身、我们的同事、学生以及他们的家人。对多元化的肯定，给教师带来的益处，包括增进教师之间的同事关系，提升他们对学生、学科内容以及教学资源的理解，而这一切对有效的专业学习共同体来说是不可或缺的。多元化还激发了师生的创新能力，使他们能够有机会完成下列活动：

- 参与到跨文化关系中去
- 见证多种学习与教学风格的结合
- 培养其他语种的语言能力

我常常从美国各地的教师那里听到的评论是，他们感谢"多元化"，因为它使教学变得更为精彩！多元化既打破了教学原先的枯燥乏味，还在克服对师生造成危害的各种差距方面起着至关重要的作用。

以莱斯利（Leslie）为例，我们能够看到即便所处的环境相似，每个人的经历又是多么不同！如果你还记得，莱斯利是生活在贫困当中的。莱斯利与其他学生以及教师之间的这种社会差异，也许包涵着不同层次的意识、机会以及文化视角。这些差异可能会给莱斯利带来一系列与那些和他背景截然不同的教师及学生相似和不同的经历。这种种经历也许与下列情况有关：

- 师生的区域或全国流动性
- 家庭成员组成的变化
- 因为社会阶层、种族以及语言差异而在学校或其他社会机构中受到区别对待
- 对个人经历以及家族血统的了解
- 有认知功能障碍或（和）身体残疾的个人体验
- 工作以获得收入为目的

肯定学生的多元化意味着你要在自己的教学中认识到并接纳他们的文化经

历、背景以及经验，并将它们整合到你的教学中去。对多元化的这种肯定需要你对你带入课堂中的特定的知识、技能以及各种倾向进行确认，并确定自己仍需改进的领域。讲到这一点，让我分享一则小故事吧。

我清楚地记得，自己第一次作为教师，在课堂上肯定民族或种族多元化的情形。这件事情发生在我在芝加哥代课期间。一天早晨，我接到了分中心的一个电话，让我去芝加哥西北部一所僻远学校讲课。我当时纳闷，怎么把我派到那么远的一所学校讲课，更令我莫名其妙的是，还让我去一所白人学校讲课。在20世纪六七十年代，我和我的黑人代课朋友们，是很少有机会去北部偏远学校代课的。我毫不犹豫地去了那所学校，一方面，我很好奇，想看看白人学校是什么样的；另一方面，我还得为自己的新车还贷，所以有工作机会，我倒是乐在其中。

我刚到那所学校的时候，引起了一些人的惊讶，不过我还是受到了真诚、专门的欢迎，我在被陪同下，走进了一间生物教室，也就是接下来的两周里我要上课的教室。有一位生物老师因紧急事务需要出国两星期，我需要代他一段时间。在我代课的前几天里，我就注意到爱尔兰裔、意大利裔以及波兰裔学生之间有着明显的分组模式（他们的座位安排与互动方式）。各群体学生之间的关系有点紧张，虽然还不至于非常紧张。我的这种洞察力得益于我在部队的经历，在那里我曾有与许多不同种族背景的士兵共同生活、工作、交往的机会。

意识到这种紧张关系的存在之后，我开始利用我的"名人"身份（学生因为从未接触过黑人老师而对我感到好奇，并且我深谙所教学科的内容与教学方法），与他们讨论不同种族的科学家，包括女性科学家，如何齐心协力，相互依靠，发明、制造出许多使我们的生活变得更为轻松的东西（如产品）。学生们被这种跨文化关系的存在震惊了。我还与他们分享了我在部队里经历过的一些故事，其中包括不同的种族群体成员相互合作、相互帮助的故事。他们称，之前从未有人跟他们谈过不同种族的人们相互合作的事情，爱尔兰裔、意大利裔与波兰裔学生的反应尤为强烈。而且，他们还想知道为什么我了解这么多跨文化关系的事情。我笑着回答他们："你们也可以看看这周末，圣母大学橄榄球队的比赛，芝加哥熊队的橄榄球比赛，伊利诺伊大学或者西北大学橄榄球队的比赛就知道啦。你们把报纸上的队员名单剪下来，便知道谁是谁了，比赛时就可以看看他们和别的队员合作得怎么样。"

6.5 思考

你有没有注意到，学业成就差距与多元化的应对问题既关乎个人内部因素，又涉及其他多方面因素？

I. 个人内部因素方面主要涉及个人如何基于自己的经验，看待自身或世界的问题。关于多元化问题，个体有着一系列积极或消极的体验，学生也有着一系列影响他们课堂态度的经验。

1. 讨论你有关多元化的积极体验。

   _____
   _____
   _____

2. 讨论你有关多元化的消极体验。

   _____
   _____
   _____

3. 解释你有关多元化的中性或无感情色彩的体验。

   _____
   _____

II. 关于多元化问题的多方面因素涉及历史进程中各群体之间的关系，以及与那些经验相关的记忆在课堂内外的影响。

就下列问题写一小段感想，并与另外一名教师（或朋友）进行讨论。

1. 不同的历史与文化经验在课堂上是怎样引起信息传达失误，从而进一步扩大学生学业成就差距的？

2. 个人内部因素与其他多方面因素是如何影响你班上的师生互动及生生互动的？例如，有色人种学生也许会根据他们之前与白人接触的经验，质疑白人教师的公平性。或者，一些中产阶级美国非裔教师可能会怀疑美国非裔贫困学生的适应能力。你还能从你的课堂教学工作中，举出其他例子吗？

所有教师均需了解多元化

这里需要明确的是，笔者所指的是所有年级的所有教师。当论及"多元化"时，不少有色人种教师会提出，他们理解"多元化"，因为他们本来就属于"另类"（如被边缘化、没有话语权及被忽视）。对于有色人种教师常常成为"另类"这一点，我无可辩驳。然而，成为"另类"并不意味着教师一定能够自发地营造多元化课堂。再者，美国非裔教师关于如何教拉美裔学生，还有许多东西要学。同样，关于如何教刚从东南亚来到美国的苗裔学生，即使是华裔教师也有很多东西要学。对多元化的这种了解不仅仅局限于学习其他文化与群体的历史与现实，还包括学会以一种能够帮助每一位学生掌握知识与技能的方式开展教学，并让自己的课堂逐步形成一种倾向，能够帮助学生突破经济条件的限制，获得成功充实的人生。

此外，在托马斯·弗里德曼（Thomas Friedman, 2006）笔下的"平坦化的世界"里，不得不应对多元化问题的例子逐渐增多。美国与中国、印度以及其他国家人们之间的交流也日益频繁。因此，我们的全球化社会要求美国的某一群体不再仅仅因为自己是谁而非自己取得了何种成就优于其他群体。大家必须要审视自己对多元化的认识，并且基于这种审视，加强对差异的理解，并改变带有歧视或偏见的行为。

所以，促进教师队伍的种族（或民族）多元化，以反映学生种族（或民族）结构的多元化是必要的。有色人种教师常常不仅仅是学生的行为榜样，他们还为来自不同文化背景群体的学生充当着文化传译者、中间协调人与倡导者的角色，从而直接促进了学生学业成就的提高（Carter, 2005; Dilworth & Brown, 2008; Fultz, 1995; Gay, 1993; Irvine, 2001）。

变革环境下的权力

在探讨学校变革（或转变）时，我们通常不会明确提出权力问题。然而，意识到权力在各种关系以及学校环境中的存在，对于制定恰当而高效的策略以消除学生的学业成就差距，有着非常关键的影响。理解学校在有效处理学生学业成就差距和应对建设良好公共教育的艰巨任务中呈现出的权力关系，对于学校变革是不可或缺的。在我到过的一些学校中，一些教师通过颂扬差异，为弱势群体学生赋权的方式处理权力问题。然而，仅将注意力放在差异方面，是不能保证学生获得权利的。

你与你的学生之间，与你的校级管理层及学区管理层之间的权力机制是怎样的？许多与我共事的教师声称因自己太忙，没时间去审视他们班上、学校里或者学区中权力关系的本质与作用。你是那些教师中的一员吗？或者你和你的教师朋友们会"向当权者说出实情"吗？换种方式问，当你的任何一名学生的公平（或平等）问题被忽视或者被视若无睹时，你会站出来说句话吗？你会就公共教育所面临的挑战问题，向当选的官员或政客表明自己的观点吗？

学校及社会中的权力流动并不都是自上而下的（如联邦政府到州，州到学区教育主管，学区教育主管到学校校长，学校校长到教师，以及教师到学生）。

权力关系要比"压迫者／受压迫者模型"所涵括的内容更为复杂。权力存在于各种各样的关系之中，并且通过各种关系在人与人之间流动着，权力关系是处于不断变化之中的（Foucault, 1977）。

提倡权力关系公平，应当就学生赋权、中介力量（如师生是变革的中介力量）、支持力量（如教师与家长是孩子们的支持者）等话题展开讨论。理解这些术语（或概念）的范畴，对于缩小学业成就差距、肯定多元化有着重要意义。此外，教育工作者必须认识到自己所掌握的权力，如果他们不希望"滥用这种权力，或不能为了学生的利益将之最大化"的话（Cooper, 2003）。

权力所涵盖的范围并不局限于教师融入更多的多元文化历史及视角的能力。仅仅做到对历史的融入是个良好的开端，但仍然是不够的。教师需要借历史来指出或批判那些随着时间的推移对不同人群的生活环境产生积极或消极影响的观点与实践。在我看来，了解社会的积极发展，尤其是与他们相关的种种发展，对于学生的学业及社会成长均是有益的。有时他们所生活的区域笼罩着太多的悲观与失望，一切都显得那么糟糕。我们应当鼓励非裔或拉美裔学生看到进步的存在。然而，就算他们对你的评论表示不屑，也不要紧张，因为他们还是能听进去你的话的，并且你仍然可以积极运用作为教师所拥有的权力。同样，不要理所当然地认为女生的情况不错，课前课后的谈话可以帮助她们实现自我，给她们推荐一本书，或是让她们单独和你一起完成某些特别的事情，也是从个人层面帮助学生，并让学生理解师生之间权力关系的有效方法。现在，回到正题上来！

将更多的多元文化信息带到课堂上来，仅仅阐述了教师权力的一个方面。即便教师被告知教哪本教科书、哪些话题，他们对于教科书中所包含和省略的观点的认识，还是会对学生的知识结构产生关键性的影响。另外，教师有权决定如何指出学生所察觉到的不足。教师可以选择以支持的、消极的或者平淡的话语讨论学生的作业，这些不同的选择以及教师对学生的总体态度，会对学生的个人身份认同或（和）群体身份认同的形成产生影响。再者，教师还有权决定继续或者放弃对挣扎中的学生的帮助。这样的例子不胜枚举：教师通过课堂中的每项选择行使其权力，进而对学生的生活产生影响。在有关校园改进的大多数讨论中,权力不会被明确提出。然而,权力关系却影响着教育领域的方方面面,包括选用什么教科书,学校如何组织管理,聘用哪些员工,解雇哪些员工,亲师联谊组织会议议程中设置哪些议题等。因此,认识到如何在不同的人之间、不同的情境之中行使权力,对于理解何种策略能够最好地缩小学生学业成就差距、肯定多元化是至关重要的。丽莎·德尔皮特(Lisa Delpit, 1996)贴切地用阿拉斯加州阿萨巴斯卡印第安文化中的一则故事,很好地强调了考虑课堂上师生权力关系不平等的重要性。

  一个小男孩儿跟着他的祖父以及其他几个人去猎熊。他们抓到熊之后,将熊放在一个坑里,准备剥皮,祖父吩咐男孩儿帮忙取水、打下手。小男孩儿从人群中走开的时候,他祖父在他身后喊:"快跑啊,快跑,熊在追你!"男孩儿紧张起来,拔腿就跑,然后停下来继续平静地走路。他的祖父又大喊起来,而且声音更响:"我说啦,跑,快跑啊!熊会抓到你,把你吃了的!"但是男孩儿继续往前走。男孩儿取水回来时,他的祖父非常高兴,因为男孩儿通过了这项考验。

  男孩儿通过了这项考验,是因为他在自己所感知到的信息与他人提供的信息之间存在冲突的情况下,没有听从他人的话,哪怕是他见多识广、深受信任的祖父的话。那些从小就被教育相信自己的观察的孩子入学以后,会遇到让他们觉得不可置信的暴君一样的老师。在孩子们看来,老师们简直就在极力控制他们的行为,甚至连什么时候去厕所、什么时候喝水这些完全属于个人的事情都要管。铃声响了,去吃午饭;灯开始闪了,不管是否做完,赶紧收拾好自己的作业。尽管美国教育提出过各种言论,美国教育其实并没有教会孩子们独立,而是教会了孩子们依赖外部资源寻找方向,追求真理与意义。它训练孩子们仅仅从文本中探寻意义,撇开他们自身良好的判断力去追求真理,然而这些观念对于阿拉斯加乡村社区而言,是既陌生又危险的。(p.101—102)

德尔皮特所举的例子向我们展示了，为什么教师会在学生根本就不抱有挑衅意图的情况下，将其看作挑衅者。学生的成长环境和价值观与教师是有所不同的。如果师生之间没有形成更好的文化理解，误解可能便产生了。而教师也许会下意识地行使自己的权力使学生顺从，并且认为这么做是为学生的最大利益着想。促进师生对彼此文化价值观的了解才是对权力更为明智的使用。为了最有效地教好学生，缩小学生之间的学业成就差距，文化背景异于学生的教师应当不断追求对学生文化背景的理解。

6.6 思考

与其他两位教师（或朋友）讨论，你在学校中的哪些地方看到过"权力"行使的情况：

- 审视在学校的各种关系中，其他工作人员是怎样行使权力的。
- 审视你在学校中与他人交流时，是怎样行使权力的。
- 审视这些权力关系是如何产生作用的，它们为谁服务，产生了怎样的影响。

在你看来，学校中促进或者阻碍学生学业成就差距缩小的权力关系是怎样的？

_____
_____
_____

你们学校中的权力在哪里？

刘和波普－戴维斯（Liu & Pope-Davis, 2003）关于权力的论述帮助我们看到了对多元化的肯定、多元文化思想与权力之间的联系。他们得出的结论还帮助我们理解了形成对权力关系的认识,促进学校各项政策、程序多元化的必要性与做法。刘和波普－戴维斯认为,权力未得到认识,或者仅仅在某个特定的环境中得到认识,学校的变革(或转变)只会遭遇抵制与失败。笔者借用了刘和波普－戴维斯在阐释促进教育多元化的行动如何与形成权力认识或与缺乏权力认识相互作用的表,并作了一定修改(见表6.1)。

表 6.1

	权力	
	得到认识	未得到认识
行动促进多元化	现状 1	相对主义 2
	表面的多元化 3	多元文化教育/多元文化思想 4

换句话说,单元1表示的是现状。正如刘和波普－戴维斯指出的那样,"在这种环境下,多元文化思想与多元化并未受到重视,人们也未集中资源促进对多元化的理解,传统权力格局依然原封不动"(p.98)。这种情形可能出现在这样的学校中——学校教职工与学生之间的误解常常被视为学生与他们家长的错误。例如,教师也许会认为母语非英语的学生并没有付出足够的努力,去弥补与其他学生之间的学业成就差距。此外,教师还可能将学生家长在英语学习方面的努力不足看作是其对美国生活方式的抵制。在这样的情况下,不论教师的看法真实与否,学校与家庭之间的权力关系不受触动是最可能出现的情形,因为在教师的眼中,学生的家庭文化是处于劣势的。

在单元2中,权力得到了认识,但是由于没有为促进多元化发展而采取协调一致的行动,所以只能带来相对主义的结果。

相对主义主张,如果能得到某种文化的重视或者认可,几乎任何事情,或者所有事情都是可以容忍或接受的。那么,"我们"也必须将之看作是这种文化的固有价值……权力被视作是需要与之抗争的一个重要因素，然而，与其陷入这场斗争，不如停止有关权力的争论。因此，人们在这种情况下，坚信所有的一切都是有价值的，都是重要的，我们不应当竭力确定这一切对我们都意味着什么。（Liu & Pope-Davis, 2003, p. 98）

相对主义可能会存在于教职工提出了一些家庭与学校文化存在差异的学校中。这些教职工甚至意识到，并为之进行讨论：社会如何在经济层面使得一些家庭被边缘化，从而导致这些家庭需要学生在达到法定年龄之前就开始工作，或者参与到家庭事务中去。然而，学校教职工并未直面学生的工作与学习之间的冲突，或者这种冲突与社会更大范围内的经济之间的关系，反而他们也许会将学生参加工作的决定看作是家庭种族文化（或民族文化）的一个方面，或是家庭"不关心教育"的证据。在这种情况下，尽管学校的教职工并无作为，他们也许还是认为自己是"多元文化的"。我要在此指出的是，关于单元2的讨论有点困难，例如，讲英语、白人、男性以及异性恋等特征并不适用于新来者（如美国苗裔）。这样的作为或不作为（在本例中）使得美国苗裔为了能在新的生活环境中获得成功，采用了几代人聚居、共事这样的习俗。

在单元3中，人们开始走向多元化，然而却未形成对权力的认识，这无一例外地会造成"多元化"的共同体建立在一个摇摇欲坠的基础之上的局面（Liu & Pope-Davis, 2003）。这种"表面的多元化"往往存在于学校员工尚未对旧的框架、格局进行识别、批判以及重构的情况下。学校中表面多元化的例子，可能包括黑人历史课、五月五日节的庆祝活动以及课堂中的"多元文化"教材等。虽然所列举的这些活动本身并非"表面的"，但是如果人们在开展这些活动时，忽视基于种族、阶层与能力的不公平是怎样在学校隐性课程中大行其道的，这些活动便沦为"表面的多元化"了。此外，"高素质教师"的评判标准如果不包含文化响应式教学能力的话，是不可能促进学生学业成就差距的缩小的。简言之，如果权力因素未得到认识，仅仅靠引入多元化因素是不会促成学校全面的实质性变革的。然而，如果那些以往被排斥、受压制的文化中的观点不被当作历史的常规部分引入的话，学生、学校教职工就无法理解排斥这些观点所产生的社会、经济与政治影响，从而学生（包括白人中产阶级学生及"其他"）也就无从获得努力改变自己与他人生活的力量。

单元4体现的是多元文化思想所带来的成果，权力得到认识，人们朝着多元化迈进。在这里，对多元化的肯定意味着认识到权力如何在一切培训、活动与行动中产生作用。换言之，权力成为我们创造与理解所处环境的一种无意识的模式（Liu & Pope-Davis, 2003）。处在这一单元的学校，能够认识到社会为何、怎样通过给予某些群体获得不成比例的资源与权力的机会，从而偏向该群体。这样的学校会通过提升学生的学业成就，检查并包容与各种文化相关的实践做法，给予所有学生获得机会的途径。并且，学校教职工还会检查学校的"隐性课程"，或者说检查那种未在教科书或教案中明确规定，但会通过学校员工的言语、态度以及行动传递给学生及其家长的课程。例如，隐性课程可能包括贫困与个人懒惰之间的联想。此类课程不易察觉，但影响巨大。当学生不被接受时，教师可以在当时的一瞬间传达出相关信息。

坚持单元4中的内容，能够通过新权力关系的建立与原有权力关系的转变，消除学生学业成就差距，肯定多元化。这是一项持久并富有挑战性的工作，因为在此过程中，会不断涌现出新的问题，同事们在实现积极转变的方式与途径方面也会存在异议。加深有关权力如何在校园中运行的理解，能够促使同事之间不平等的权力关系消失殆尽。然而，认识并探讨权力如何在学校内部产生作用，对帮助学生实现学业成功更是至关重要的。

约翰·汤普森（John Thompson, 1984）对权力的描述也许有助于你对权力的理解：

> 对权力现象作出令人满意的分析，需要对行动、制度以及社会结构之间的关系进行详细阐述，这三者均代表着权力的某一方面。在行动层面，从最广泛的意义上讲，"权力"即为追求目标或利益而采取行动的能力：中介力量有采取行动的权力，有权力影响事件的顺序，转变它们的过程。在

制度层面，"权力"是指使主体能够或者有权制定决策，追求目标或实现利益的能力。最终，作为一种制度所赋予的能力，权力是受社会结构限制的，即受设定了制度范围的结构化环境的限制。（p.28）

6.7 思考

与其他教师或朋友共同回顾上一节中有关权力的论述，并就你们见过的在以下群体中权力行使失衡的各种方式进行讨论：

- 富人与穷人
- 母语为英语者与非英语者
- 白人学生与有色人种学生
- 同性恋学生与异性恋学生

1. 你能找出其他存在于不同社会群体之间的，限制学生学业成就的差距吗？

_____

_____

2. 分析表6.1中刘和波普－戴维斯所著一书提出的图表：

你们学校处在哪一单元中？

_____

你们学校中的教职工认识到权力关系，并采取行动肯定多元化了吗？

_____

举个例子，说明你为何认为你所在的学校处于那一单元。

_____

采取行动

找出你因为不想"破坏现状"而容忍过的不公平现象。采取行动,改变这种不公平现象。

_____

当遇到不公平现象时,积极行动可以采取的变革措施,包括:

_____

这样做的风险或后果是什么?

_____

六大行动方案:肯定班级与社会权力结构的多元化

I. 肯定你所在班级的多元化有着多种不同的方式,本周再次朝着这个方向迈出一步。例如,考虑调查班上学生的种族背景。首先列出你所了解的班上学生所属的不同种族。

_____

_____

_____

_____

II. 设计一节班会课,鼓励学生在课堂上自豪地分享他们种族的历史。提醒学生,称"我就只是一名美国人"实际上忽视或否决了他们祖父母的历史,同时也否认了除印第安人之外,美国其他种族均是来自其他国家或地区的事实。同样,记住当美国白人称"我就是一名美国人",而将其他种族称作非裔美国人、拉美裔美国人,或是亚裔美国人,这仍然是将白人的经验视作规范,强化白人特权,并将有色人种视作"另类"与"局外人"的一种方式。此外,思考你将采取的下一步行动,将多种文化体验或视角带入你的课堂。

III. 利用周末的时间,仔细留意一下社会与学校中的权力结构。记住,对于来自主流群体的一员(如异性恋、上等阶层、无残疾),对于受过教育的人以及(或)中产阶级专业人士而言,自己对权力的体验常常是隐蔽的。如果你在认识自己的权力优势与特权方面存在困难的话,可以找一名来自不同文化群体的朋友搭档,教师或其他朋友均可以。你们可以做个实验,一起去求租公寓,再将彼此的经历进行对比。一起去珠宝店或者露天市场购物,注意店主是否有因所感知到的身份信息而产生细微反应。

IV. 思考权力结构对那些生活在社会权力格局"底层"的学生的影响。他们经常需要使用"双重意识",杜波依斯(1994)提出的"双重意识",其含义是,当他们坚信自身及其能力的同时,他们还需要了解那些主要机构的拥有者或控制者,或者那些寻求机会与服务的守门人如何看待自己。这种关于自我的矛盾观点可能会产生非人道的结果,给他们带来大多数处于特权阶层的人通常所感受不到的焦虑与沮丧。

考虑在行动方案 I 中出现过的小孩(或另选一个孩子)。社会上的权力结构是如何在这个孩子的校内外生活中发挥作用的?

权力结构是以下列方式影响 ×× 学生的生活的:

_____

_____

V. 你是怎样抵抗班级中不公平的权力关系的?思考一下,不公平的权力结构是如何阻碍学生获得学业成就与生活机遇的。思考出你在鼓励每位学生发挥自身能动作用、增强自尊心时，能够用以提高他们的社会政治意识的方式。格洛莉亚·拉德森－比灵斯（Gloria Ladson-Billings, 1995）的文化教学理论也许能对此起到有效的指导作用。她的理论中含有三项原则：学业成就、文化能力（包括自身的文化与主流文化），以及教学生批判地对待占主导地位的社会秩序。

同时，思考你自身的社会政治意识是如何影响学生的学业成就与生活机遇的。并且，思考自控权与经济及各层面富足、成功的生活之间的联系。

我将采取以下行动，提高学生的社会政治意识（记住格洛莉亚·拉德森－比灵斯的三项原则）。

_____
_____
_____

VI. 你在班上会让孩子们发挥怎样的领导作用或让他们承担怎样的责任？我将会让下列学生在班上发挥特定的领导作用，承担起相关责任：记住，让学生承担责任将要求他们培养这种相应的习惯。让他们管理午餐柜台或是担任队长仅仅是最小的责任，教师要不断激励他们，提高对他们的要求。

_____
_____
_____

第七章
强者生存[①]
——清除有效课堂管理的障碍

盖尔·汤普森

我们强调过，要成为非裔学生的有效教育工作者，就必须愿意：

- 面对并放下你的思想包袱，如你身上存在的一些关于非裔学生及其家长的刻板印象、偏见与种族主义信仰。
- 改善你与非裔学生家长的关系。
- 不仅运用课程提升学生的学业技能，而且通过这种方式增加学生，尤其是劣势背景学生的自主权。

然而，成为非裔学生的卓有成效的教育工作者，还要求你必须能够管理好自己的课堂。因此在本章中，笔者将分享维持课堂管理的故事与各种策略。首先，请完成以下相关练习。

练习 7A：确定你在课堂管理上的优缺点

请尽量如实回答以下问题。

[①] 本章原为 *The Power of One: How You Can Help or Harm African American Students* 一书的第六章。

1. 在你看来,你的课堂管理技能如何?请对你的回答进行解释。
_____
_____

2. 你制定了哪些主要的课堂规则?
_____
_____

3. 你怎样确保所有学生都知道并理解你所制订的课堂规则?
_____
_____

4. 你怎样确保自己公平地对待每一位学生?
_____
_____

5. 你遇到过哪些(如果有的话)有关非裔学生的课堂管理问题?
_____
_____

6. 回顾你对以上问题的回答,并对这些回答揭示了你课堂管理的哪些优缺点进行阐述。
_____
_____

求助的呼声:聆听教师们课堂管理的经验与担忧

虽然不具备良好的课堂管理技能,难以做到有效管理课堂,许多教师仍然在该问题上苦苦挣扎,而新手教师尤为如此。下面将要提到的几个课堂管理问题,是在我所工作的那所大学的教师教育项目中,几位学员给我的来信中提到的。那几位学员均为新手教师。在你读完这些来信内容的节选之后,请完成相关练习。

一位初中新手教师写道：

我在维持整个班级课堂秩序方面存在着问题。我似乎只能控制并维持一会儿课堂秩序。然后我又得从头再来，浪费课堂时间，三令五申地跟学生强调课堂规则。作为一名毫无经验的七年级新手教师，我真希望课堂管理变得容易点儿。我已经厌倦了总是不断地提醒学生注意课堂规则。而我明白，他们是知道这些规则的。

我和班上的一名学生之间有点不愉快，他对我所教科目的成绩毫不在意。或者说，他似乎对什么都满不在乎。在我们之间第一次出现争执的时候，我惩罚了他，但情况丝毫没有改变。

另一位新手教师写道：

我有一名学生，开始，她是我最喜欢的一名学生，既聪明，对英语与诗歌又感兴趣。最近她突然对我表现出很强的敌意，对我所说的一切进行挑衅。上周五，她居然问我："你在拼命地做一个人见人厌的老师吗？"

我竭力让自己不受她的影响，但是直到今天我才意识到这已经变成了一种"权力斗争"。今天，她试图主导课堂，说："继续往前学吧，这儿我们也学不到什么。"我提醒她，我才是课堂的管理者，但是或许我本应该对她视而不见的。我想，这之所以会对我造成困扰，是因为我不理解为什么她会有这样的转变吧。

我明白，我必须阻止这种对我的干扰，但却不知道应当怎样做。我担心如果不尽快结束这种局面，我会输掉整个课堂。我应当对她不予理睬吗？

一位高中教师这样写道：

您是怎样应对那种简直让你没法上课的班级的？我带了一个班的孩子，这群孩子非常不成熟、缺乏责任感，又懒散，似乎对最基本的课堂规则都没有概念，发言不举手、不听从教师的指示、不把精力放在学习上，诸如此类。或许这些已经不再是什么普适规则了？我不得而知。

我所面临的挑战在于，我正使用其他老师的教室上这节课，这使我觉得自己失去了对课堂的控制。我没有地方可以施行我的课堂规则，告知学生我的期望，或是向他们传达其他重要信息。帮帮我吧！

练习 7B：对新手教师求助呼声的反思

请尽量如实回答以下问题。

1. 教师来信中的哪个片段与你的经历最为相似？
_____
_____

2. 这几位新手教师怎样造成了自己的课堂管理问题？
_____
_____

3. 你认为最容易给哪位教师出建议？你将给予他怎样的建议？
_____
_____

4. 你认为最难给哪位教师出建议？为什么？
_____
_____

不仅仅是新手教师：需要课堂管理帮助的教师还有许多

虽然你刚才读到的信中的片段均出自新手教师，但在课堂管理方面苦苦挣扎的并不仅是新手教师。事实上，许多老教师的课堂管理技能同样薄弱，以至于他们只能将影响课堂秩序的学生踢出教室，而别无他法。有时将学生送到办公室倒是个绝对管用的方法，但是对于一些教师而言，将学生送到办公室（尤其是将非裔学生送到办公室）是他们唯一会用的课堂管理策略了。

国家教育统计中心发布过一些有关纪律如何影响教师满意率的有意思的信息。《美国教育统计年鉴（2007）》（*Digest of Education Statistics*，2007）中，"教师对所在学校中严重问题的看法"一项揭示了以下问题：

- 23%的公立中学教师与将近10%的小学教师称，学生上学迟到在他们学校是个严重的问题。
- 视学生"旷课"为严重问题的小学教师不超过2%，而将其视为严重问题的中学教师达到近15%。
- 30%的中学教师与近10%的小学教师称，学生情感淡漠在他们学校中是个严重的问题。
- 近34%的中学教师与近24%的小学教师称，他们学校中存在的严重问题是，学生到校后"还没准备好去学习"。
- 17%的中学教师及9%的小学教师称，"教师谩骂学生"的问题在他们学校中较为严重。
- 近30%的中学教师与近20%的小学教师说，"学生不尊重教师"在他们学校中是个严重的问题。

在另一项名为"学校及其人事调查"的报告中，国家教育统计中心对教师决定是否离开当前所在学校，转至另一所学校，或者完全放弃教师职业的影响因素进行了描述。2003—2004学年间，赞同"这所学校学生行为不良（如在过道、餐厅或者学生休息室大声喧哗、打闹或者打架）的程度会对教学造成干扰"的教师，转入其他学校或者离开教师岗位的可能性更大。

上述研究增进了我们对相关问题的认识，然而，国家教育统计中心发布的学生被停学率与开除率的统计数据，为我们理解为何课堂管理对教育工作者而言是个需要认真审视的重要主题提供了最好的说明。

据《2007年美国教育统计年鉴》显示，2004年在美国公立学校中，被学校勒令停学的白人学生超过100万，黑人学生超过100万，西班牙裔学生超过50万。然而，这些数据还不能反映全部问题。全美公立学校中，超过一半的学生为白人，黑人学生仅占所有学生人数的16%，所以，这100万被勒令停学的黑人学生与相同人数的白人学生是不可等而视之的。换言之，黑人学生被学校勒令停学的概率高于其他任何一个学生群体。其中，白人学生大约占停学总人数的5%，西班牙裔占近7%，而黑人学生占15%。学生被开除情况与此大致相同，黑人学生被学校开除的概率依然高于其他任何学生群体。

笔者在《透过黑亮的眼睛》（*Through Ebony Eyes*）与《登上我们的所属之地》（*Up Where We Belong*）两本书中，对于非裔学生，尤其是男生，相较于其他学生群体更易被教师视作纪律难题的一些主要原因，进行了详细论述。下面对一些非裔学生在校表现不良的诸多可能的原因进行了总结，主要包括以下几点：

- 让老师知道，他们不喜欢他的教学风格。
- 告诉老师，他们确信老师正在用一种消极否定的眼光看待他们。
- 让老师知道，他们肯定他是一名种族主义者。
- 设法隐藏他们对老师所教内容感到困惑的事实。
- 告诉老师，他的课堂管理技能太差，无法赢得学生的尊重。
- 出于个人问题，如在家中受到虐待与忽视，通过在学校的不良行为凸显自己。

• 报复那些在他们眼中孤立他们或者对待学生不公平的老师。

显然，学校中表现不良的并非只有非裔学生，而且大多数非裔学生表现还是很好的。然而，因为非裔学生在被视为纪律难题，以及被校方勒令停学、开除的学生中所占比例最高，许多教育工作者便认为大多数非裔学生都是存在纪律问题的。这样的想法是可怕的刻板印象，如果你有这种想法，应该赶紧将它从你的头脑中根除。

搞清楚你的课堂规则与管理风格怎样使课堂纪律问题恶化或是改善了课堂秩序，这是非常重要的。再者，无论是新手教师，还是经验丰富的教师，乃至资深教师，都可能从本章描述的各种课堂管理策略中得到某些启发，因为据调查显示，认为学生行为不良问题干扰其教学的，10 年以下教龄的教师占大多数，经验较为丰富的教师（34%）也占据了很大比例，甚至连资深教师（33%）都对此表示赞同。因而，本章余下部分提供了可以帮助你提升课堂管理技能的事例、策略、研究以及练习，从而提高你解决非裔学生纪律问题的效率。

课堂管理基本原则

克服你心中的恐惧

教师对学生，尤其是非裔男生的恐惧，是如此多的非裔男生被视作纪律难题，被停学、开除，甚至最终锒铛入狱的主要原因之一。在《登上我们的所属之地》一书"人人都害怕我们：与非裔男生的坦诚对话"这一章节中，许多参与过该书研究的高中黑人男生说，教师非常恐惧黑人男生，总是找理由把他们踢出教室，并且把嘻哈服饰与流氓团伙的装束混为一谈。太多的研究显示，在美国，对黑人男性的广泛恐惧给他们带来了巨大的生理、情感与心理压力。在学校中，许多有前途的非裔男生均有过因教育工作者对他们的恐惧所带来的消极体验。事实上，昆纠夫（Jawanza Kunjufu）博士针对此话题写过一整套的书。所以，作为一名教育工作者，如果你无法放下对黑人男性的思想包袱，克服对黑人女性的任何恐惧（大多数教育工作者尚未做到），就算你有此潜能，也永远无法有效地处理非裔学生的相关事务。

增强你的自信与魄力

教师（尤其是白人和女性教师）缺乏自信与魄力是许多非裔学生在学校中被当作纪律难题的另一个常见原因。如果你已经习惯于谦虚温顺，不增强自信与魄力，许多非裔学生便会认为你软弱，且不值得尊重。这便是许多教师抱怨他们无法掌控自己的课堂、学生不受约束的症结所在。

确保学生知道并理解你的课堂规则与期望

为设定学习的正确基调，降低学生在课堂上表现不良的概率，非常重要的一点是，从开学第一天起，就让学生知道并理解你的课堂规则。学生需要不断地听到并看到这些规则。并且这些规则的表述应当简单明了。例如，我在一所高中任教时，开学第一天，我便对课堂规则进行了解释，并给每位学生发放了一张印着课堂规则解释内容、我的期望以及评分规则的纸。我要求学生将它带回家，重新读一遍，请家长或监护人签字，然后在周末前再交还给我。按时完成的学生获得了额外加分。

绝不允许任何学生阻碍其他学生学习

有的教师选择对学生的不良表现视而不见，其实这种做法默许了捣乱的学生分散其他学生的注意力以阻碍其集中精力进行学习。教师这样做，不仅纵容了捣乱学生继续其不良行为，而且还使他们耽误了自己与其他同学的学业。当学生在课上捣乱时，你可以使用各种各样的方法应对，然而对这种情况视而不见只会制造出更多的问题。将捣乱的学生叫出教室是一个快速解决此类问题的简单方法，这样你就可以跟他进行私人谈话，而班上其他学生也可以继续学习。而且没有旁观者，这给了你保全捣乱学生颜面的机会。在这段时间内，你可以询问这名学生不好好完成课堂任务的原因，还可以针对他所说的情况，想出合适的补救措施。

不要显示出对部分学生的偏爱

喜欢某些人超过喜欢其他的一部分人，甚至不喜欢某些人，都是人类的天性。然而，作为教师，对部分学生的偏爱会在很大程度上使其教学工作适得其反。教师显示出对部分学生的偏爱会引发外界对教师存在性别不当行为的谴责，并导致其他学生指责教师存有偏见、行事不公平，从而也使教师失去了学生对他的尊重。

处理欺凌行为

欺凌问题在成人与青少年儿童当中较为常见。但在课堂上，这种现象绝对不可姑息。当学生向老师投诉，其他一名或多名学生在欺负他时，作为一名接受薪水，以保护学生、创建有助于学习的课堂环境为己任的教育工作者，采取相应的行动是责无旁贷的。而不少教师却倾向于批评受害者，忽视受到同学言语甚至身体欺辱的学生的投诉。这些情况有时可能会进一步恶化，引发原本通过教师对投诉的严肃处理便能够避免的严重问题。

禁止学生使用冒犯性语言

任何学生均不许在课堂上使用冒犯性语言，包括带有种族主义色彩、刻板印象以及性别歧视的语言。其中，绝不允许学生使用"黑鬼"等种族歧视词语。笔者在《透过黑亮的眼睛》一书中，用一章的篇幅对为什么教师不应当允许非裔学生使用带有种族歧视色彩的词语进行了阐释。许多教师对如何处理相关突发事件感到惊慌失措，但是我们必须记住我们的底线——在课堂上，任何冒犯性语言都是不可容忍的。

不要小题大做

在校园中，许多非裔学生被视为纪律难题的另一个原因就是，教师经常将小问题扩大化。例如，有时候学生只是有些正常的孩子气的冲动行为，教师却将这种行为看得过于严重，尤其当这个"肇事者"是个非裔男孩的时候。在《坏男孩：黑人男性塑造中的公立学校》（*Bad Boys: Public Schools in the Making of Black Masculinity*）一书中，安·弗格森（Ann Ferguson）就教师对黑人男性的恐惧与成见如何令小学教师将黑人男孩当作成年人而非孩子看待，进行了阐述。教师将黑人男孩"成人化"，促使教师因为一些在别的孩子身上看来并无大碍的行为，而将其"踢出"教室。在本章接下来的部分中，你将接触到两则案例，这两则案例提醒教师，不要对那些本应当被最小化或忽略的行为反应过激。

做到公平

"公平"在非裔学生眼中，是几乎等同于优秀教学的一种品质。然而，因为教师所背负的有关非裔美国人的思想包袱，他们往往难以公平对待非裔学生。他们发现自己很容易对非裔学生的一些诸如上课说话、吵闹、开小差，或者随便离开座位等问题反应过激，并对他们施以惩戒。而这些问题若是发生在其他种族的学生身上，教师则会大事化小，小事化了。如果你能记起，前面某一章中我们曾经提到过，"思想倾向研究"的一项发现就是，绝大多数职前教师（占82%）、教师（占77%）以及教育管理者（占72%）均称，大部分教师对待非裔学生与其他种族学生的方式是不同的。

决不允许自己被无礼对待

你在提高自己处理非裔学生事务效力的探索过程中，存在着这样一个危险：迫切希望将工作做好，而容忍了学生对你的不尊重。教师经常会成为那种设法与学生做朋友的人，因为他们希望被喜欢，希望受欢迎。我见过许多这样的例子，事实上当我还是一名中学新手教师的时候，也有过类似的经历。但是，据我所见，这种方式往往事与愿违。据我所知，但凡教师设法与学生成为朋友，他们换来的都是失去学生的尊重，甚至被学生蔑视的结果。不允许自己被无礼对待，你需要：

- 对学生表现出应有的尊重。
- 期望学生对你表现出尊重。
- 不将自己当成学生的朋友或同辈，越过师生之间的界限。
- 谨记你应当表现得像一位权威人物，一个永远掌握着课堂的人。
- 绝不容忍任何学生的言语侮辱。

现在，我们已经阅读了课堂管理的几条基本原则，请完成下面三项练习，检查自己对这几项原则的理解。在完成每项练习时，你均需要阅读一则真实的案例，并回答相关问题。在你完成了每项练习之后，再次阅读每则案例的补充信息，并重新评价你之前回答的内容。

练习 7C：对案例 1 的反思

阅读以下案例，并尽量如实回答相关问题。

一名二年级教师的困境

2006—2007 学年，圣地亚哥联合学区的一名小学二年级教师发现自己陷入了困境。她在一所以黑人与拉美裔低收入家庭孩子为主的学校里任教，这名拉美裔教师班上只有一名非裔孩子。一天，一名拉美裔学生告诉这名教师，有个非裔男孩惹她生气了。"老师，"这位拉美裔女孩说，"他说我看上去就像要生小孩儿。"

1. 如果你是这位二年级教师，你会怎样处理这种情况？

_____

_____

2. 如果女孩所说的是真的，那么在你看来，是什么促使那名二年级非裔男孩说这名女孩看上去像要生孩子呢？

_____

_____

你所读到的这则案例是我妹妹与我分享的一件真实的事情。一天，她打电话跟我说，她七岁的儿子班上，有个女孩报告老师说，她儿子说女孩看上去就像要生小孩儿。据我妹妹所说，那个女孩长得有点胖，肚子比较大。当时老师听了女孩的话，呵斥道："天啦，这是性骚扰！"随之，我侄子就被老师叫进了办公室，他妈妈也被叫到了学校，老师在他的档案中记录了他曾经对其他学生进行性骚扰。

这则故事令我感到震惊，原因有二：第一，我深信这名教师反应过激了。第二，更重要的是，我担心我侄子留下这样的记录，别人会因此认为他会"从校门走进牢门"。换言之，这样的指控会使教师对他产生偏见，认为他是个性侵害者，进而对他将来的一切言论与行为反应过激，长此以往，有一天他可能就真的被送进少年看守所，最终便锒铛入狱了。我催我妹妹立马将我侄子转出了该班级。我妹妹对校方的处理方法非常愤怒，最终将他转入了另一所学校。

2009 年初，我曾经为洛杉矶联合学区的两组教育工作者作过一场题为"你看到的是奥巴马（Obama）还是奥萨马（Osama，即奥萨马·本·拉登）？——教育工作者是怎样帮助或伤害非裔男学生的？"的报告。我请几位教育工作者分享了他们对你刚刚读过的那则案例的看法。有一位非裔教育工作者问我，家长应当做什么以保证自己的孩子不再犯同样的错误。很明显，这位女士认为我侄子完全是有错的，而他的母亲应当去解决这个问题。然而，大多数在组里分享自己观点的教育工作者称，首先，他们应该搞清楚我侄子是否作了那种评论，而非直接认定他是有过错的，他们应该给他为自己辩护的机会；其次，如果他承认自己果真那样讲了，他们应当问问他为什么那么说。换句话说，他们不应理所当然地认为他就是怀有消极动机的。应当给他解释的机会，而不是陷入"成人化"倾向，将他看作一个性变态的成人。

然而，也有一名白人小学教师称："我会让那两个孩子自己解决问题。我不喜欢他们跑过来向我告状。"她的一番话与刚才指责家长的那位非裔女教师的话同样使我愤怒，我告诉她，作为教育工作者，让两个还没有足够的解决冲突能力的小孩子去独立解决尚在他们能力之外的问题，并非明智之举。同时，我还告诉她，让两个孩子自己解决问题，最终等待她的可能是与心怀不满的学生家长之间的严重不愉快。因为如果那名女孩回去告诉家长"我找过老师了，但是她什么也没做"，怎么办？

现在，请你对比一下你与我刚才描述的那几位教育工作者对该案例的认识。（1）你理所当然地认为那位非裔男孩是有过失的吗？（2）你认为那位男孩的妈妈有过错吗？（3）你认为应当让孩子们自行解决问题吗？（4）你提过首先你将会了解更多的信息吗？（5）你会像那位二年级教师一样选择一种极端的主张吗？

3. 你所提出的案例中问题的处理方式反映出你的哪些信息、课堂管理技巧的哪些方面，以及你对非裔男孩怎样的看法？

练习 7D：对案例 2 的反思

阅读以下案例，并尽量如实回答相关问题。

一名六年级学生的困境

在一天的午餐时间，佛罗里达州一所初中的一名六年级黑人男孩请学校工作人员让他进休息室休息。那位工作人员告诉他，他需要等铃响后才能进去。男孩坚持说，他无论如何都要进去。那位工作人员再次提醒他，一定得等午餐时间结束后才能进去。那位学生不理会她，在未经许可的情况下直接离开了餐厅。

1. 如果你是那位工作人员，或是在餐厅负责管理那位学生的教师，当这件事情发生时，你会怎样处理？

2. 遇到类似的困境，教师和学校工作人员有哪些可供选择的处理方法？

这则故事是我在发生此事的学校作报告后，一位非裔教师告诉我的。据这位教师说，那位学校工作人员采取了最为极端的措施。她给安保人员打了电话，逮捕了那名男生。当我到那所学校时，他还被监禁在少管所中。

案例 3 也是关于非裔男生的一则案例。这则案例的主要内容源于 2007 年 10 月一位非裔学生的母亲发送给我的一封电子邮件。这封邮件是她听了我在纽约一所学院所作的关于非裔男生的主题演讲之后发给我的。我将这封邮件分成了两部分，请先阅读第 1 部分，回答相关问题，再读第 2 部分，继续回答练习 7E 剩下的问题。

练习 7E：对案例 3 第 1 部分的反思

阅读以下案例，并尽量如实回答相关问题。

第 1 部分：一封来自一名非裔母亲的电子邮件

尊敬的汤普森博士：

感谢您昨天所作的发人深省的主题演讲。作为一位四个非裔男孩的母亲，我需要运用一切我力所能及的方式，将我的孩子们培养为成功的人。我有很多关于我的孩子们在公立学校中发生的故事可以讲给您听，但在这儿，我只跟您讲一件事儿，那也是您的演讲触及我的痛处的原因。先给您讲讲，我最小的儿子正在接受特殊教育这件事吧，他被确诊为"注意力不足多动症"。如果那时我能有现在这样的认识，这便不是一个问题了。现在，我不给他服用医生开的任何药物了，因为在内心深处，我知道他并不需要。

2006 年情人节那天，我儿子正好 11 岁。那时他们班上的师生比为 12∶1∶1（12 名学生，一名教师以及一名助教）。上课时，我儿子的手机突然响了起来（首先这是他的过错，因为上课时手机是不允许开机的）。

1. 如果你上课时，一位非裔男孩的手机响了，而该校学生是不允许携带手机的，你将怎样处理这一情形？

_____

_____

2. 在类似的困境中，教师有哪些可供选择的处理方法？

_____

_____

现在，在你回答练习 7E 第 2 部分的问题之前，请阅读这封邮件的剩余部分。

第 2 部分：一封来自一名非裔母亲的电子邮件

我儿子正要关上手机时，老师试图收走他的手机。他不愿手机被老师收走，所以他们便争夺了起来。在争夺中，老师抢走了他的手机，他就夺过老师的手机冲出了门外。他遇到的第一个人是学校保安，他向这位保安解释了发生的事情后，保安建议他拨打 911，他照做了。他打电话给 911 时，告诉接线员老师对他进行了不当的肢体接触。

此时，有人打电话告诉我，我儿子正在办公室，等他们了解清楚来龙去脉，他们会再给我打电话。当我再次接到电话时，我被告知我 11 岁的儿子已经被捕，但他们无法告诉我明确的理由。可想而知，我当时情绪失控，立刻放下手中的工作跑了出去，当我到那儿的时候，我发现儿子正被手铐铐着。而且，我得告诉您，那天，我儿子所在学校中的另两名黑人男孩也被逮捕了，他们和我儿子一起被带到了本地警区。我当时惊呆了，觉得眼前的一切都不是真的。要不是因为我的老板，我根本无法作出正确的决定。在他的帮助下，我立刻为我儿子请到了一名律师。

接下来的事情您也能猜到，警察来了，我儿子戴着手铐被他们带出了学校。那位老师在警察过来审问她之前一直好好的，警察过来之后，她便声称我儿子推她。警察谴责我是一个不负责任的家长，从未回过那位老师打来的任何电话。估计我当时气得脸都青了，因为我确实是一位非常负责的家长。我一直积极参与家长联合会的各项活动，而且我肯定学校的教师与管理者都认识我。那位老师后来又称，她感觉非常不好，被救护车带走了。我之所以如此气愤，是因为那位老师在我儿子进她的班级之前就认识他了，而且她的母亲前年还是我儿子班上的专家，在我儿子读预幼班时就认识他了，并且那位老师本人也清楚我是一名非常负责的家长。

第二天，我去学校参加家长会。当时，我两个最小的儿子都在那所学校，所以我想去家长会上见见我儿子的老师们。然而，我发现我11岁儿子的那位老师缺席了，并且没人知道她何时回来。学校中的家长专员告诉我，那件事情已经成为那天轰动全校的新闻了。四个月里地方检察官一直无法与那位老师进行面谈，以致这起诉讼案件一直拖了六个月。所幸我请了一名优秀的律师，并且负责此案的检察官业务略显生疏，他因在没有支持性证据的情况下让该案拖了如此之久，而在法庭上遭到了法官的谴责。法官作出了有利于我儿子的判决，并声明如果我儿子在六个月里不制造麻烦，该案便结案。我儿子未受到任何罪名的指控。如果那位老师关心学生，她就不该让我儿子被逮捕，并因此在今后的日子里留下心灵的创伤。教师应当接受培训去教育好学生，去为学生的最大利益着想。看到一个11岁的孩子因为上课时手机响了而被逮捕，被指控犯有严重的盗窃罪，并留下不实的不良记录，一名有良知的成年人，无论如何都不会袖手旁观。

这则故事表明，其他种族的教师并不关心我们非裔的孩子们。仅仅从我儿子最初的报告未得到处理这件事便可看出，我们的黑人男孩怎么想无关紧要。在这段时间里，我深感自己是一位失败的母亲，居然允许这一切发生了。两年后，我儿子不再在原先那个师生比为12:1:1的班级学习了，他现在读八年级了，而且学习非常好，明年就要升入高中了。我下定决心，一定要继续对我儿子们进行栽培、鼓励与指导，帮助他们在这个处处为他们的成功制造障碍的社会中，成长为强大的非裔美国男性。我也在不断地对自己进行再教育，使自己能够成为我的孩子们以及能从我的引导中获益的其他孩子的最优秀的母亲。

3. 案例中男孩的手机响后，教师可以怎样做，以避免事情恶化到后来的地步？

_____

_____

4. 案例中男孩的母亲说："如果那位老师关心学生，她就不该让我儿子被逮捕，并因此在今后的日子里留下心灵的创伤。教师应当接受培训去教育好学生，去为学生的最大利益着想。看到一个11岁的孩子因为上课时手机响了而被逮捕，被指控犯有严重的盗窃罪，并留下不实的不良记录，一名有良知的成年人，无论如何都不会袖手旁观。"请解释你为何赞成或不赞成这位母亲所说的话。

_____

_____

5.这位母亲还提到"这则故事表明，其他种族的教师并不关心我们非裔的孩子们"。请解释你为何赞成或不赞成这位母亲所说的话。

_____

_____

6.你从这封电子邮件中了解到哪些可以帮助你提升课堂管理技能的内容?

_____

_____

最后一则案例出自我最近读过的一本引人入胜的作品中的真实故事，等你读完案例4，我再对此书作进一步介绍。我将这则案例分为了三部分，每部分后配有相关练习。

练习7F：对案例4第1部分的反思

阅读以下案例，并尽量如实回答相关问题。

第1部分：一个备受折磨之地

20世纪60年代初，生性活泼的6岁女孩儿桑德拉（Sandra）开始读小学。像其他大部分孩子一样，她对此感到非常兴奋。但是，她的这种兴奋很快就变成了一种恐惧。整所学校中，只有她一个人的皮肤是"棕色"的。尽管她的父母都是白人，但不知为何，她天生就是一副混血儿的长相，皮肤半白半黑。因为她肤色与发质的缘故，她很快就被学校中的大多数孩子排斥。排斥已经够糟糕了，很快，这种孤立变成了一种微妙或公然的欺负。她的同学不仅用带有种族歧视意味的脏话骂她，而且还偷她的东西，拒绝从她喝过水的饮水机中喝水，把她的书藏起来，让她完不成作业，并用其他方式骚扰她。桑德拉多次向老师反映过她所受到的骚扰。

1. 如果你是桑德拉的老师，你会怎样处理她的投诉？

___

第2部分：一个备受折磨之地

不幸的是，桑德拉的老师不仅不把她的投诉当成一回事儿，而且还经常站在那些欺负她的同学一边，因为他也认为黑人孩子或者混血儿是不属于这所学校的。在这段时间里，桑德拉患上了慢性焦虑症，开始每天夜里尿床，并伴有经常性呕吐。她难以将精力集中在学业上，并且经常在课上哭泣。在意识到老师根本不打算帮助她解决问题时，桑德拉开始报复那些欺负她的同学。令她绝望的是，每次她进行反击的时候，老师总是以一种侮辱性的方式惩罚她，有时致使她在课堂上小便失禁。这使得那些欺负她的同学有了幸灾乐祸的机会。

2. 与本章中其他几则案例不同的是，这个故事发生在几十年前的南非，而非美国。在你看来，目前在美国，类似事情发生或不发生的可能性有多大呢？为什么？

___

第3部分：一个备受折磨之地

在桑德拉就读于彼得雷蒂夫小学（Piet Retief Primary School）的四年间，她在学校中遭受到了来自成人与学生的各种公然的生理与心理上的种族主义虐待。虽然她也有为数不多的几个朋友,但在学校的大部分时光对她来说都苦不堪言。她所不知道的是,从她踏进这所校园的那一刻起,这所学校的大人们便开始想方设法地将她驱逐出去,因为在他们眼中,尽管在法律意义上,桑德拉是白人,但她混血儿的外表已然注定她不属于这所学校。四年后,桑德拉被正式认定为"有色人种",并且在此之后被校方开除。她的案件成为南非历史上最著名的案件之一。我希望你们能够读一读朱迪思·斯通(Judith Stone)的力作,桑德拉·莱恩(Sandra Laing)的传记——《当她曾是白人:一个被种族拆散的家庭的真实故事》(*When She Was White: The True Story of a Family Divided by Race*)。这本书中包含着许许多多有关种族关系、种族主义以及我们的思想包袱如何阻碍我们有效处理有色人种(尤其是黑人与黑白混血人种)学生问题的重要教训。

本章最后一项练习要求你们对自身及班级管理所获得的认识进行综合回顾。

练习7G:对你所获得的认识的反思

请尽量如实回答下列问题。

1. 现在读完了本章,你对自己课堂管理技能的自信度如何?为什么?
   _____
   _____

2. 你对不让小事件升级的重要性有了怎样的认识?
   _____
   _____

3. 你对慎重对待学生有关校园欺凌问题投诉的重要性有了怎样的认识?
   _____
   _____

4. 你怎样确保非裔学生在班级里得到公平对待?
_____
_____

5. 你将逐步采取怎样的措施继续提升你的课堂管理技能?
_____
_____

促进教师专业发展的小组活动与课程作业

1. 小组分工进行角色扮演,其中一位小组成员担任教师的角色,一些小组成员扮演不遵守课堂纪律的学生,一些小组成员扮演遵守纪律的学生,小组其他成员充当观察者与记录员,记录所发生的事情。例如,一名不遵守纪律的学生课上随便说话,另一名学生时不时地打断老师,不是坚持让老师允许他到教室外喝水,就是让老师允许他出去做一些杂七杂八的事情。其他一名学生假装在打瞌睡,还有一名学生在给别的学生传纸条。而教师应当将教学计划写在黑板上,设法实施教学计划,并努力取得所有学生的配合。

2. 15分钟之后,记录员可以分享他们观察的情况,对小组所有成员都发生了什么以及教师可以怎样处理这种情况进行讨论。

第八章
建立家校联系[①]

孔查·德尔加多·盖坦

> **我的回忆**
>
> 还记得"班级妈妈"们的时光吗？早在家长参与研究出现之前，我就相信学生的学习是家庭与学校之间的一种合作。我父母能说的英文有限，他们当年在墨西哥生活的时候，都未接受过正式的学校教育。但这并没有阻止母亲每周星期五担任"班级妈妈"时，为全班人献上一捧纸杯蛋糕。虽然我们移民到美国的时候，她会讲的英语不多，但是无论在学校还是在家里，她都对我的生活产生了显著的影响。母亲在我和妹妹学业成功方面的较高期望，以及无论以何种方式她都尽力参与到我的教育中来的举动，对我而言是非常重要的，因为这使我知道，我必须全力以赴。因为母亲希望能从老师那里听到有关我的好消息。

毫无疑问，家庭与学校是对学生的发展与学习影响最大的两个地方，在整个学校教育过程中，学生学业成就的提高都需要通过家长与老师之间的有效交流来实现（Epstein et al., 2002）。家校联系的有效与否很大程度上取决于其文化的连续性或不连续性。然而，家校联系并不是仅仅以文化的连续性或不连续性为特征的。相反，有效的课堂环境融合了学生自身的文化与班级主流文

[①] 本章原为 *Building Culturally Responsive Classrooms: A Guide for K-6 Teachers* 一书的第八章。

化两方面。

家庭与学校之间文化的连续性是通过共同的文化信念及期望产生的，这种文化连续性在家长与其子女所就读学校类似的情况下最为显著。在这种情况下，家长更容易认识到了解子女学校教育情况的重要性。他们对学校的运作方式更为熟悉，了解学校管理各职能部门的工作人员，并且清楚运用何种恰当的语言能使对方明白他们所关心的事。了解了这些，家长便能与教师及学校其他工作人员建立起持续的联系。

另一方面，文化的不连续性常在家长与教师没有明确共同的价值观、信念及实践的情况下产生。例如，如果教师在学生课堂纪律方面比较宽容，而家长则期望教师要求更为严格，这种文化的不连续性便可能会产生一些问题。当学生遇到学习问题时，家长与教师之间坚定的对话能够揭示出他们的潜在信念与实践，这种潜在的信念与实践也许便能阐明我们眼下所遇到的问题。罗宾斯和特瑞尔等（2002）建议，当学习者遇到困难之时，"应当怀疑的不是学习者的文化行为与模式，相反，我们必须改变与调整授课者的行为以满足学习者的学习需求"（p. 83）。

亲师合作

大多数学校的校园文化与那种主流的文化和社会经济背景的家庭（如欧洲裔美国家庭与中产阶级家庭）更为一致。在一直以来参与学校组织的各项活动的欧洲裔父母，与其他来自多元文化家庭（通常是劳动阶层家庭）父母人数的对比上，这一点一目了然。他们对学校活动参与的缺乏被理解为是对子女学校教育的漠不关心。然而，大量研究表明，不同文化背景的家长同样非常关心子女的学业表现。问题在于他们缺乏积极参与学校事务所必要的文化知识。从而，家长参与学校事务的困难也阻碍了学校与家庭、社区联系的建立。这也验证了这样的结论：见多识广的家长在子女的教育问题方面，可能是最为投入的。为积极参与子女的学校教育,家长必须了解学校的运作方式,包括所使用的语言,学校相关负责人,以及联系学校教师与管理者的相关规定。所有的家长都能学会使用相关方法程序,建立起良好的亲师关系。

亲师合作关系可以通过各种常规或者非常规的方式建立。常规的做法有家长会与家长开放夜,这在过去通常由学校组织,向家长汇报学生的学业进展情况。组织这些亲师活动的设想是,家长已经知道如何参与到子女的日常教育中去。学校所设计的这些常规活动通常是没有家长方面的投入的。鉴于其按照主流文化方式运作的决策团体的本质,家长教师联合会(PTAs)与一些学校管理委员会便属于这一类别。接受联邦和州经费支持的学校,要求家长参与到学校相关方案制订的决策过程中来。

建立亲师合作关系的驱动性假设是家庭、学校以及社区彼此相互联系,因为学生是带着他们家庭的价值观与信念在各个地方学习与生活的。无论家长相信与否,他们对自己的孩子如何学习、对什么感兴趣、能力如何是有所了解的。而他们所了解的这些信息对学校课程的成功是至关重要的。建立亲师合作关系的目的并非仅仅在于提高学校的测试成绩。家长在子女度过学前与低年级阶段后的很长一段时间内,都必须处理子女的学校教育问题。进入三年级以后,如果家长不愿参与学校相关事务,看不懂子女的家庭作业,来自多元语言及文化群体的学生将在学业发展方面面临更高的风险。家长对子女学校教育的参与至关重要,为争取家长的参与,学校必须找出适应不同文化的、与家长合作的系统方法。

家长与教师在孩子的学习方面有着重大的影响力,而他们如何共同运用这种影响力对建立有效的家长参与合作关系是极为重要的。一些亲师合作小组也许会将注意力主要放在资金筹募或其他与孩子们有着间接联系的事情上,而更为高效的小组则更加关注孩子以及与其教育相关的日常活动。拉美裔家长委员会(Latino Parent Committee, LPC)就是这样的一个组织。它最初由一群拉美裔家长为相互支持并相互告知学校情况而组织起来,以此调动他们加大对子女教育的投入。拉美裔家长委员会曾邀请学区工作人员出席他们的会议。同时,他们的邀请对象还包括教师。学区主管总是能出席学区层面的拉美裔家长委员会会议，而教师参与得相对较少。但是家长可以理解，他们相信教师在日常教学中尽心尽责。而且拉美裔家长与教师们保持着密切联系，因为他们有着共同的关注对象——孩子。正由于孩子是该组织的关注焦点，家长希望能够充分地了解孩子的学校教育情况，与学校合作，支持孩子的学习。

家长与教师通过在校召开拉美裔家长委员会会议的形式展开合作。教师在会上使用西班牙语向家长展示他们课程的课堂教学情况。家长也可以对教师所展示的内容进行提问，也可以就其子女的学校教育问题提出其他问题。通过这种方式，教师之间实现了信息共享。

下面是学区主管桑德斯（Sanders）先生对拉美裔家长委员会的评价：

> 拉美裔家长委员会与其他常见的家长团体的不同之处在于，它是由家长独立组织的，我们并没有参与。这使得家长能够以一种他们认为重要的、便于实现他们特定目标的方式进行组织操作。拉美裔家长委员会并非一成不变，家长可以根据需求的变化对其作出调整。该组织旨在帮助家长了解与应对子女的日常学习情况。

在某所小学组织的一次拉美裔家长会上，二年级的卡尔沃（Calvo）老师主动对她班上的数学培养项目进行了介绍与展示。大约 20 名家长参加了此次在图书馆召开的晚间会议。她的展示持续了大约半小时。她向大家展示并描述了她在课上所使用的教科书。她还对自己如何使用补充材料帮助学生学习数学概念进行了阐释。并且，她提出了几种家长在家中能够使用的辅助子女学习的方式。以下节选便出自此次亲师互动。此次会议的参会人员全部使用西班牙语交流，部分家长未在此次对话中发言。

卡尔沃老师：这个数学培养项目最为成功的地方就是我所说的"伙伴结对制"。我将孩子们结成对子，这样他们在完成特定学习任务时可以相互帮助。有了"伙伴结对制",在我来之前,学生即便遇到问题也有人可以求助了。如果他们的第一个伙伴无法帮助他们,他们还可以再找其他伙伴帮忙。

萨拉斯(Salas)太太:这就是人们所说的"合作学习"吧?

卡尔沃老师:不完全是。合作学习指的是一组学生一起解决某个问题。而在"伙伴结对制"中,大家都各自完成自己的学习任务,在需要时才相互(或与其他人)进行讨论。

莫拉(Mora)太太:这不是说他们可以相互抄袭吗?

卡尔沃老师:我教过他们应当如何寻求和给予帮助,而不是抄袭。他们知道其中的区别。并且因为他们相信有人可以求助,所以也就不会产生抄袭作业的念头。这种做法的理念就是帮助他们学会寻求必要的帮助。这是一项常常在孩子到中学,开始学写报告时我们才开始教的技能。他们需要学会,在不知道如何解决问题时,自信地去寻求帮助。

里科(Rico)太太:如果他们所问的学生给出的是错误的解决方法,又该怎么办呢?

卡尔沃老师:我会和每一位学生一同检查他们的作业,所以我和学生也会作为一个小组共同解决问题。

加西亚(Garcia)太太:那您会给学生的正确或错误答案计分吗?我的意思是,我不希望我的孩子因为其他同学为他们提供了错误的解题信息而答错题。

卡尔沃老师:我理解您的担忧,我教给学生们的相互帮助的做法,在一定程度上帮助他们切切实实地在思考过程中获得了提高。您看,当您必须向另一个人解释如何解决某个问题时,您自己就得学得更好。所以这对于提供帮助与接受帮助的学生都有好处。我告诉他们,要思考答案背后的东西,思考我们是怎样获得这个答案的,这和答案本身同样重要,甚至比答案更为重要。

本田(Honda)太太:您所说的是,"伙伴结对制"帮助学生和其他人共同讨论与解决问题，这种一起讨论的过程对学生的学习是有益的。

卡尔沃老师：正是如此。

阿尔瓦雷斯（Alvarez）太太：我觉得，您正在做的是一项很棒的工作，我在家就是这样教我的孩子们的，教他们互相帮助。

卡尔沃老师：您说到点子上啦，他们单独学习，能学到的东西未必更多。就像您提到的您在家中教孩子做的那样，我们在现实生活中经常要互相依靠，互相帮助。我教学生们向别的同学解释他们的作业。通过这种方式，他们便能够运用语言，向他人解释解决问题的整个过程了。

萨拉斯太太：卡尔沃老师，我们在家中怎样最好地帮助孩子们学习数学呢？即便在有我帮助的情况下，数学对孩子而言都是很难的。

卡尔沃老师：我们在家可以做的主要就是帮助孩子们搞清楚，他们是怎样获得最终的答案的。你可以使用豆子、水果、椅子，或者其他可借助的东西帮助他们具体形象地理解他们需要解决的问题，并理解解决问题的每个步骤。

以上家长的问题与点评表明她们乐于聆听彼此的见解，尊重展示者的观点。正如我所提到的那样，拉美裔家长委员会仍然坚持每月召开会议，他们所讨论的话题多种多样，共同学习并解决问题，从而更好地为孩子的教育提供帮助。

亲师交流对学生在学校教育中的成功起着至关重要的支持作用。这里的成功并不局限于分数或标准化测试成绩的取得。有时，成功会以不同的方式出现，例如使学生能够在特殊教育项目或者加速课程中获得合理的分配。完善的家校联系，能够在任何必要之时，促进家庭与学校之间的合作。而如果家校联系不到位，家校双方也许便不会再寻求与彼此的合作。

阻碍家校联系建立的差异因素包括社区的社会经济特征，社区与学校的社会历史关系，以及家庭的文化经验（Lareau & Shumar,1996）。对社会经济条件薄弱的家庭存在的主要成见是，这样家庭的家长不关心子女的教育。没有比这更偏离事实的了。即便在校园中，我们见到的来自劳动阶层的父母更少，我们也不能够因此片面地认为他们对子女教育的关心就少于中产阶级父母。对劳动阶层家长以及其他种族学生的家长的种种误解导致了对他们的陈腐偏见。比如，认为母语非英语的家长不会帮助子女完成学校的功课。这种判断只会干扰劳动阶层家长学会与学校交流以帮助其子女的可能性。比如，劳动阶层家长经常遭遇失败，这也许便会阻碍他们与子女所在学校的联系。这对于教师而言或许难以理解，因而他们为提高学校活动中劳动阶层家长的参与度而付出的努力也就少得多。然而，研究表明，这些家长并不抵触与学校的联系。只是他们因为不了解学校环境而对学校产生了恐惧。当家庭与学校之间缺乏有意义的交流时，家长与教师便容易对彼此抱有成见。以刻板的方式进行思考，会掩盖人们所经历的事实。教师对家长抱有的成见会减少学生获得支持的机会，反之亦然。但是通过接受家长教育的方式，家庭能够逐步学会如何帮助与支持子女（Delgado Gaitan, 2004; Epstein & Sanders, 2002）。

家校联系相当重要，可以促进学校与家庭之间建立起相互信任的关系。重要的是，学校与家庭要坚持以各种坦诚与灵活的方式建立彼此之间的联系。

家长参与

有多少个学区，就有多少种不同的"家长参与"定义。毋庸置疑，由于家长在家中对子女发挥着指导作用，所以他们是子女学校教育中不可或缺的一部分。家长参与有时会与家长教育产生混淆，但其实二者之间存在着一定的差别。虽然家长教育是涵盖范围更广的家长参与所不可缺少的一部分，但笔者使用五大领域对"家长参与"进行了定义，其中包括：在家中与孩子共同学习（家长的家庭支持）、亲师交流、课堂志愿活动、募捐活动，以及政策决策。如图 8.1 所示。

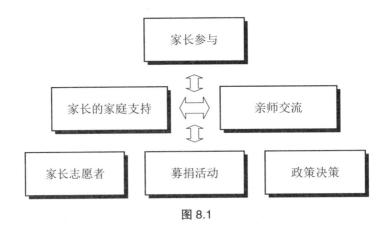

图 8.1

家长的家庭支持

家长在家中所能做的，促进子女学习的事情数不胜数。家长可以用各种有形与无形的方式支持自己的子女。家庭文化活动可以引导子女的生活，帮助他们在身体、情感与心理上作好应对生活的准备。家长对子女提出了他们在家庭与学校中的行为准则，以及对他们的期望。那些熟悉学校要求的家长可以设计各种活动，激励子女的学习。家长在家中能够为子女提供合理的饮食，保证子女充足的睡眠。他们还可以为子女提供丰富多彩的学习活动，例如给孩子讲故事，朗读各种各样的文章，带着孩子参观博物馆，参加社区体育活动等。虽然这些活动在中产阶层家庭较为常见，但因为其他学生不熟悉这些活动就给他们贴上"文化能力缺失"的标签，这是会阻碍学生的学习的。

由于没有哪种子女培养方式能够确保学校课程完完全全的连续性与学生的学业成功，我们无法对学生的家庭生活作出设定。我们也不能以使家庭与课堂保持一致为目标。虽然家长是孩子最重要的老师，但是我们不能期望他们将自己的家庭生活变得如同课堂一般。孩子们在自然情境中的学习形式多种多样，常常是教师与教育工作者们所觉察不到的。学生的学业成功是个交互性的过程，不仅仅取决于家人的家庭生活。学生的家庭生活能够影响他们的学习，建立起家庭与学校学习的连续性，从而充分激发他们的学业潜能。

家长参与是一个持续的过程，为加强家长与教师之间的联系，在必要时可以对之进行修正与重构。无论家长参与采取何种方式，我们所肯定的一点是：教师离不开家长的持续支持，在文化多元的课堂中尤为如此。家长能够帮助教师促进学生学业目标的实现，因为他们能为教师提供有关他们子女的大量信息，同时也能分享教师对学生获得学业成功的期望。

亲师交流

书面与口头交流均是家校联系中至关重要的交流形式。为实现有效的亲师交流，家长需要了解学校所使用的语言。相反，学校工作人员也需要努力学习学生家庭所使用的语言，或者配有相关翻译人员。学校与学生家长之间如果没有共同的语言，彼此之间的交流便会受到限制。

教师与家长彼此之间有效交流的实现取决于双方能够共同着手解决所面临的事情。没有比面对面交流这种方式更有效的了。家长会以及家长听课都是教师与家长分享学生学业进展情况信息的常用方式。虽然个人联系是家长参与最直接的方式，但这种方式给双方带来了许多不便。时间限制就经常被认为是阻碍彼此交流的原因。确实，教师被日常教学工作压得喘不过气来，即便在放学后的休息时间，也未必有时间或精力与家长联系。而家长也有着自己的时间限制，使他们难以丢下手头的工作去接教师在特定时间打来的电话。

在家庭与学校之间建立牢固的关系，需要我们使用家长最能够理解的语言进行清晰的交流（Hernández, 1997）。学校有责任确保使用家长所使用的语言，以实时信息、便条、公告等形式与家长进行持续的书面交流。如果寄至学生家中的信件仅使用英文书写，这很可能会阻碍家长与教师之间的交流。越来越多的校长与教师意识到将书面材料翻译成学生家庭所使用的语言的重要性。

家长志愿者

家长的课堂志愿者活动可以增强学生的自尊心，因为当孩子们看到家长非常关心自身的学业之后，他们会感受到家长对自己的重视。同时，家长与社区志愿者也以社区的智慧丰富了学校课程。

募捐活动

这种形式的家长参与需要特定的技能。家长必须拥有，或者被教给开展募捐活动所需的组织、规划与时间管理技能。来自多元文化群体的家长可能需要接受活动组织方面的相关培训。

学校委员会的政策决策

与其他形式的家长参与相比，这种参与方式需要更多关于学校运作的专业知识。通过系统化培训，家长能够了解学校预算、标准化测试以及决策制定。唯有接受培训，家长才能在学区层面的委员会上作出知情决策，也唯有接受适当的培训，他们才能如期望的那样，在政策委员会上代表社区的立场与观点。

家长教育

总体而言，家长教育勾勒出了由一系列围绕读写能力、孩子发展、数学以及其他话题设置的课程、研修班、会议构成的整套规划。家长教育持续的时间可长可短，这取决于学校或学区所设定的目标。学校必须要使用家长最容易理解的语言开设培训课程。家长教育策略集广泛多样的方式于一体，这些方式使培训内容显得真实并适用于家长们的生活。培训持续的时间应与家长内化所学内容所需的时间相一致。下文以肯特（Kent）老师为例，阐述了郊区一所小规模学校的一名新手教师是怎样在班上的一小群家长中实施识字教育的，而这些家长反过来又教班上其他学生家长识字。

案　例

关于教育家长

肯特老师设法争取到了拉美裔家长委员会的支持，帮助其将课程多元化。之后，她将方案付诸实践：

> 注意：
> 家长的读写能力如何协助学生在课堂上的表现？

我给当地基金会写了一份方案，申请到经费为学生家长及其子女购买了儿童用书，这些书家长们可以带回家。我所教的一名三年级学生的姐姐会过来照顾这些年幼的孩子。从申请到的经费中，我可以拨出一部分，付给这些帮忙照顾孩子的学生几美元的报酬。我在晚上开会，一个月开两次，而且我还提供子女看护服务，这样，家长们就更乐意过来参会了。

培训课程一般在一小时到一个半小时之间。互动的形式包括小组讨论、角色扮演、模拟、展示与小组合作学习等。每次课后，家长们都需要完成一定的家庭作业，他们得给孩子朗读，然后再听孩子给他们朗读。下面是家长读写培训课程系列第二节课的一些片段：

肯特老师：我知道，在座的许多人已经给孩子们读过故事了。但是这次我们要集中探讨大家是怎样与孩子们讨论你所讲的故事，并鼓励他们提问的。

桑切斯（Sanchez）太太：我不明白为什么您希望我们教孩子提问呢？

里科太太：在墨西哥，我们是不会教孩子用这里教师们所希望的方式向我们提问的。

肯特老师：我也意识到可能会存在这种情况。但是我最迫切想做的是让我们的孩子通过提出恰当的问题，积极地参与到自己的学习中来。

罗萨斯（Rosas）太太：肯特老师是说，如果我们的孩子知道他们在读什么，是什么意思的话，他们就能有机会更清楚地了解自己想学些什么。

肯特老师：这正是我的想法。你们给孩子提的问题挺好的，不过还可以再问些别的问题，像"这些女孩儿不得不和她们的姑姑住在一起，她们的感受怎样呢？"

肯特老师提了前几个建议之后，又让家长们提出了几个能够触动孩子与读者心灵的问题。她还希望他们思考一下，女孩儿们在新家与姑姑住在一起的时候，可能会发生什么事情，或者情况也许会有怎样的不同。

肯特老师：这些问题都提得很好。莫拉太太，请上台来将大家的问题写在黑板上，其余的家长将你们要提的问题记在你们手头的纸上。

家长们将自己所要提的问题写在了纸上，在被叫到的时候，将这些问题大声地读出来。他们领悟得很快，肯特老师会对家长们的问题作出点评，从而为他们提供支持。

肯特老师：好的，让我们读读这个故事的另一个部分吧。大家在提问题方面都做得非常好。

家长教家长

肯特老师对小组的进步进行了点评:"在第六期培训快结束的时候,我知道我们这组的家长们已经能够对下一组的家长们进行培训了。在前两节课的时候,我会坐在教室里支持他们、给他们打气。"

拉美裔家长培训员罗德里格斯(Rodriguez)先生是以这样的介绍与总结开场的:

> 正如肯特老师教我们的那样,我们能够相互支持。首先,因为西班牙语是家长们使用的主要语言,所以我们使用西班牙语开展培训。第二,使用家长们最容易理解的语言开展培训,也就是说,不使用专业术语,除非我们不能用常用语对其进行解释。第三,从我们的经验出发开展讨论,因为我们是自身经验的专家。第四,允许其他家长分享他们的经验。第五,证实他们经验的价值,并请他们分享他们小组合作过程中最有趣的事情。第六,允许参与培训的家长们展示他们如何为他人讲授概念,以锻炼他们的公众展示技能。第七,使用讲义,方便家长们带回家巩固所学内容。

然后,罗德里格斯先生和他的同伴与五名刚参加培训的家长讨论了他们对于培训课程的期望(对话由西班牙语翻译而来)。

罗德里格斯先生:卢纳(Luna)太太和我,与其他家长一起,是由肯特和加西亚两位老师进行培训的。现在我们将与大家分享我们所学到的东西。

卢纳太太:如果我们的孩子能够学会思考并讨论故事,他们便更有希望阅读内容更深奥的书籍。

维拉斯奎兹(Velasquez)太太:我们培训课程仅仅是关于孩子阅读的吗?我儿子的数学学习也成问题。

罗德里格斯先生： 我们的大多数培训课时是关于读写能力的，希望能帮助孩子们对所阅读的内容进行思考、提问。但是我们也会抽出时间，探讨在家帮助孩子解决数学学习困难的方式。

接下来的第二次培训是由家长培训员负责开展的，肯特老师点评道：

看到学生反映，他们的父母已经能够以一种更具有批判性的方式在阅读方面为他们提供帮助，我感到很欣慰。当然，开展家长培训必然要承担起繁重的任务，但是教学同样是一项艰难的工作，教师需要每一位家长的帮助。

分享家庭故事并寻找家长可以在教室中分享他们文化的其他方式，能够增进学校与家庭之间的了解。更为重要的是，这样的做法使学校课程得到了丰富。

注 意

对于学生的学习而言，学会提问与学会回答同等重要。教师在培训家长，帮助他们学会如何与子女一起学习的过程中发挥着重要作用。虽然这是一项耗时的工作，但教会家长向子女提问能够帮助学生掌握一项关键技能。

评 论

毋庸置疑，家长参与和家校合作在学生的学业生涯中发挥着主要作用。经济富裕社区的家长参与度往往比贫困社区的更高。欧洲裔家长对学校的关注更多，对于学校也更为了解。因为他们对学校系统更为熟悉，所以他们对子女学校教育的参与度也就比来自非主流群体的家长高。虽然来自文化多元群体的家长的参与度较低，但他们同样非常关心子女的学校教育。家长参与的缺乏很大程度上是由于工作的不便与对学校系统的不熟悉而造成的。尽管如此，在家中家长对子女的成功抱有很高的期望，并且希望他们能够尊重自己的老师。同时，他们尽自己最大的努力辅助子女完成家庭作业，以满足学校的要求。

　　家校联系的建立方式与学生群体的社会经济与种族构成密切相关。在学校方面，为代表性不足的家长提供帮助是缩小相关差距最为成功的方法之一。感兴趣的人士可以与教师或学校其他工作人员共同负责亲师培训研修班与相关课程。

应 用

应用 1

写一封信给地方教育委员会,总结一下应当怎样改善那些促进家长参与的常规做法,使其更具有文化包容性,如使用学生家长在家使用的语言与其交流。

应用 2

如果你所在的学校尚未提供家长培训课程,那么整合资源为他们提供该类课程。

反 思

反思 1

鉴于家长参与对孩子的学习至关重要，为使家校联系成为学校课程中一直存在的一部分，你可以怎样发挥最大的作用？

反思 2

当一部分家长比另一部分家长更善于表达自己的观点，而学校又偏重于采纳那些明显支持自己子女的家长的建议时，你如何在家校合作过程中建立教育公平？

第三部分

结语

第九章
启发性反思[①]

富兰克林·坎贝尔琼斯
布伦达·坎贝尔琼斯 兰德尔·林赛

> 人世间还有比努力克服自我更大的斗争吗？这应当成为我们的任务，克服自我，每日逐渐刚强……
>
> ——肯皮斯

本书的基本前提在于，我们作为教育工作者，必须作出变革，为每位孩子提供高质量的学业教育。通过文化精通性，我们为教育工作者们的变革找到了一种由内而外的转变方法。这种变革突出了道德层面的根本转变。对于大多数教育工作者而言，这种转变是一种范式的转变，需要对教师及学校领导如何看待自身与学生及学生家长关系的基本信念作出彻底的变革。这种变革促使我们探索更为广阔的愿景。

- 设想一种教育系统，在这种教育系统中，每一位教育工作者均有勇气坚持自己的信念，为了自己的学生及其家长的利益，做正确的事情。
- 设想在成人的做法明显对儿童有害的情境中，践行文化能力型行为，维护学生的利益。
- 设想一种文化，在这种文化背景下，教育工作者们能够坦诚相待，承认自己并未掌握为每一位孩子而教的技能，并表明愿意学习以一种文化精

[①] 本章出自 *The Cultural Proficiency Journey: Moving Beyond Ethical Barriers Toward Profound School Change* 一书。

通性方式实现这一目标。

- 设想一种教育系统，在这种教育系统中，每个人都能遵循他们内心的道德准则而非法律准则。
- 设想一种从信念与信心而非畏惧的立场进行运作的教育系统。
- 设想一种教育系统，系统中的每一个文化群体都能受到尊重，并且人们热切地寻求与其他群体的联合。

如果你能设想它，你便会相信它。如果你相信它，你最终便会付诸实践。在本书中，我们向大家介绍了旨在辅助实现该任务，并影响大家道德观的一系列理念、概念及实践做法。在文化精通性情境下，你能够获得在美国北部的学区中成功使用的工具，这种工具成功地使美国北部学区成员的道德指南针由以往的只为那些被充满怜爱地称作"出类拔萃的学生"而教，转向为所有的学生而教，帮助他们达到高学业标准。而根据 2001 年颁布的《不让一个孩子掉队法案》，教育工作者不能让孩子们落后的规定被赋予了更为重大的影响。

诚然，政府在各群体与主流文化群体之间关系对立冲突的历史中扮演着关键角色，但是，政府不能进行道德立法（King, 1998）。经历了无数初级法院与最高法院的判决，立法委任权以及行政命令的颁布，我们清楚地看到，政府措施并不能一夜之间带来社会公平。事实上，在很多情况下，这些政府部门是制造和维持美国公民间差距的主要力量（Low & Clift, 1981）。然而，即便法院裁决、行政命令以及立法委任权（如《不让一个孩子掉队法案》）带有良好的意图，如果教育工作者不重视推动孩子们前进，我们仍然会让孩子们掉队的现状继续存在。

我们所希望的是，读完本书之后，大家能够意识到教育工作者在社会由一个时代向下一个时代转变的过程中所发挥的巨大作用。真正的改变是发生在走向变革的集体中的每一个人身上的。至少你应当受到足够多的触动，从而对自身与所在学校和学区持有的价值观及信念进行反思。你应当清楚地知道，你所重视、所设想的东西与你的设想如何塑造你的信念之间的直接联系。最终，你的行为是源自你对什么是真实的信念的。

读完本书后,大家应当能得到启发,就自己所在学校的主流价值观和信念与同事进行讨论,并进一步承担起责任,根据这些原则对你们学校孩子们的支持情况提出挑战。再者,一旦发现任何对为每一个孩子而教的使命帮助不大的价值观或信念,你应当积极地运用各种原则,改变自己的行为,提升孩子们的学业成就。

伽达默尔(Gademer, 1991)指出,历史不属于我们;相反,我们是属于历史的。在历史的长河中,我们发现了传统——将价值观、信念与实践做法等文化特征代代相传的行为。传统的力量在于,它认可了特定的文化行为,并将之以一种不容置疑的事实的形式传给下一代。文化精通性之旅要求教育工作者们向传统质疑,或者,更有力地说,向我们关于如何教育孩子们的一些"真理"质疑。我们面临的一个事实是,我们中的许多人都是在这样的学校中接受教育的,这些学校制造、维护与宣传:

- 种族隔离
- 性别不平等
- 学业成绩分轨制
- 宗教差异
- 同性恋歧视
- 残疾歧视

直面事实为我们提供了打断传统,终止冷漠感的扩散,创造回应性文化,培养对他人的责任感的机会。本书的意图是帮助教育工作者从传统中跳脱出来,成为调和历史性不公平的促进者。

马丁·路德·金(Martin Luther King, Jr., 1963)博士提醒过我们:"永远不要忘记,希特勒当时在德国所做的一切都是合法的。"马丁·路德·金的话意在要我们关注自己对于人类的道义上的责任,更甚于法律规定的强制性责任。他让我们认识到，我们的思考与感受是非常重要的，并非所有的法律均代表着最高的道德权威。

在美国总统竞选中，参议员巴拉克·奥巴马（Barack Obama）在费城的演讲呼应了马丁·路德·金的观点。他强调了我们承担起道德行动责任，对于全面实现美国宪法中所承诺的理想的重要性。自由与公正是这个国家诞生的基石。然而，如果我们不能够心甘情愿地从这些原则出发开展行动，它们便只是没有土壤的种子。

> 然而羊皮纸上的词句还不足以让奴隶们挣脱束缚，或者完全赋予各个肤色、各种信仰的男女作为美利坚合众国公民的权利和义务。还需要一代接一代愿意尽自己责任的美国人——无论是通过在大街上或法庭中的抗议和斗争，还是通过内战与和平抵抗，总之都需要冒着巨大的风险——来缩小我们理想中所承诺的与他们那个时代的现实之间的差距。（Barack Obama, 2009）

我们鼓励大家应用文化精通性原则，继续进行自我反思，并相应地调整自己的行为。如此一来，我们期望大家在此过程中能够抓住金博士（1998）"人类拥有了先进的技术来征服外部世界，却尚未获得征服他们内心世界的道德信念"这句话中所暗含的机遇。

作者简介

兰德尔·林赛（Randall B.Lindsey），哲学博士，加利福尼亚大学洛杉矶分校荣休教授，主要实践领域为教育咨询以及教育公平与机会问题。担任高校教师之前，兰德尔曾担任过初高中历史教师，学区办公室消除学校种族隔离事务管理者，以及一家非营利机构的执行理事。兰德尔一直在与多元化人群共事，主要研究多元文化环境中白人的行为问题。为了给学生提供学习机会，帮助他们获得学业上的成功，他与同事共同为学校、执法机关，以及社区组织制定并执行了各种项目。

罗宾·阿韦拉·拉·萨尔（Robin Avelar La Salle），教育学博士，重点研究领域为语言、读写能力与文化。她曾在南加州与北加州的小学、初高中及大学任教，还在洛杉矶市外的一个学区做过课程、教职工培训，担任过教育评估管理者。她在提升以往学业表现欠佳学生成绩的研究与咨询方面，担任多个职位。现在，她是校长交流公司的共同创始人，并担任项目主要负责人。校长交流公司是加利福尼亚州政府支持下的一家致力于改善高度贫困、少数民族聚居社区学校与学区的外部评估公司。

布伦达·坎贝尔琼斯（Brenda CampbellJones），哲学博士，曾担任某大规模城区学区的教育主管，阿兹塞太平洋大学分校区行政主管，以及加利福尼亚州领导学院常务理事。作为坎贝尔琼斯联营公司的董事长，她为美国各学区提供教职工培训与技术支持。通过文化精通性这面透镜，她推动了学区为提升学生学业成绩所开展的系统化变革。她还曾担任过教师、小学校长，以及备受赞誉的中学校长。她一直秉持着每个孩子都能学，机会的获得在于我们每个人的信念。

富兰克林·坎贝尔琼斯（Franklin CampbellJones），教育博士，担任过高中社会科学与阅读课教师、学校管理者、学区项目主管、加利福尼亚学校领导学院州级主管，以及加利福尼亚州立大学洛杉矶分校与新泽西州罗文大学格拉斯波洛分校教授。现任坎贝尔琼斯联营公司的副董事长，负责与学区商议他们应用文化精通性原则的相关事项。他热衷于与促进学校和社区公平的组织变革相关的独立研究与学术活动。

邦尼·戴维斯（Bonnie M. Davis），哲学博士，现任学校、学区以及专业机构读写指导、跨学科领域写作以及文化精通性教学方面的咨询顾问。曾在初中、高中、大学，以及流浪者的收容所与男子监狱中担任了30年的英语教师。获得过"年度优秀教师奖""州长优秀教学奖"以及反诽谤联盟（Anti-Defamation League）颁发的"差异世界社区服务奖"等多个奖项。

孔查·德尔加多·盖坦（Concha Delgado Gaitan），哲学博士，其职业经历包括小学教师、校长、民族志研究者，以及加利福尼亚大学圣巴巴拉分校与戴维斯分校教育人类学教授。因其毕生对教育人类学领域的贡献而获得了"乔治和路易丝·斯宾德勒奖"（George and Louise Spindler award）。

卡尔·格兰特（Carl A. Grant），威斯康星大学麦迪逊分校课程与教学系教师教育赫夫斯-巴斯科姆（Hoefs-Bascom）讲座教授。30余年来，他一直与致力于通过处理多元文化中的社会公正问题、进行文化响应式课程开发与教学，提升学生的学业成就，增进学生知识、技能的教师及教育管理者们共同合作。

露丝·约翰逊（Ruth S. Johnson），教育博士，加利福尼亚州立大学洛杉矶分校荣休教授，曾在新泽西州与加利福尼亚州担任过多项教育工作。曾担任过基础教育阶段的教师、教学顾问，小学教育主管，分析师，分管课程与事务领域的学校副主管以及主管。她还担任过新泽西州教育部的教育顾问，以及加利福尼亚州两家致力于提升弱势学生群体学业成就的非营利机构的负责人。她主要的研究兴趣与发表的学术成果集中于注重机会与公平的城区学校的文化变革过程。

琳达·琼沃思（Linda D. Jungwirth），教育博士，召集对话股份有限公司（Convening Conversation, Inc.）董事长。召集对话股份有限公司致力于引导教育工作者开展"勇敢对话"，增进其专业发展，以促进公平的实现，并帮助所有学生获得成功。作为佩珀丁大学的兼职教授，她激励教育工作者们成为精通不同文化的领导者与创新者。

德洛雷斯·林赛（Delores B. Lindsey），哲学博士，加利福尼亚州立大学圣马科斯分校教育管理学副教授。曾担任初高中教师，初中定点教育管理者，以及县教育局行政管理者职务。在担任大学教授期间，她还为学校、学区与县教育局担任认知性指导培训专员、适应性学校培训专员与顾问，以培养精通不同文化的教育工作者。

柯蒂斯·林顿（Curtis Linton），艺术硕士，学校进步网的所有者之一，《教育音像期刊》（Video Journal of Education）与《教学流在线课程》（Teach Stream）的联合执行制片人。过去十年中，林顿已经撰写或出品了数十项基于录像的教职工培训获奖项目。他的专业领域包括通过运用数据、领导能力、有效的教职工培训、脑研究、分层教学、行动研究以及指导等，缩小学生的学业成就差距，提高少数民族学生的学业成绩。

凯瑟琳·贝尔·麦肯齐（Kathryn Bell McKenzie），德州农工大学教育管理学副教授、妇女与性别研究学院附属教员。在担任德州农工大学教师之前，凯瑟琳在公立教育系统中工作过 25 年，担任过教师、课程专家、副校长、校长，以及德州大学奥斯汀分校独立学区领导学院副院长。为了继续投身教育实践与实践工作者的事业，凯瑟琳在公立学校开展了广泛的咨询与研究工作。她的研究领域包括学校中的公平与社会正义、学校领导力，以及质性研究方法。

贾维斯·帕尔（Jarvis V. N. C. Pahl），教育博士，帕尔商业 & 教育联盟（Pahl Business & Educational Consortium, PBEC）执行理事。她担任过生物与微生物教师，加利福尼亚州高中以及学区学校管理者，曾是加利福尼亚大学洛杉矶分校教育学院学校管理项目成员之一。作为一名顾问，她帮助家长团体、学生、教师、管理者，以及包括教育工作者、家长、学生以及商界人士在内的各种混合团体设计、规划、指导他们的学习过程。

詹姆斯·约瑟夫·谢里奇（James Joseph Scheurich），德州农工大学教育管理与人力资源发展系教授及系主任。他的研究兴趣包括教育公平，成功处理多元化学生问题的学校与学区，种族与种族主义，教育问责制度，以及质性研究方法。他现担任学术研究期刊主编，是几家学术研究期刊的编委会成员。

格伦·辛格尔顿（Glenn Singleton），圣何塞州立大学教育领导学兼职教授，加利福尼亚州东帕洛阿尔托大学教育基金会创始人。1992 年，他为向学区提供支持，满足未受重视的有色人种学生的需求以解决系统性教育不公平问题，创立了太平洋教育集团股份有限公司（Pacific Educational Group, Inc., PEG），任常务主管。

琳达·斯卡拉（Linda Skrla），德州农工大学教育管理学教授。曾担任过初高中教师，并在公立学校系统中担任过学校管理者与学区管理者。主要研究领域为学校领导力中的教育公平问题，其中包括问责制度、成功学区以及女性教育主管问题。

盖尔·汤普森（Gail L. Thompson），博士，克莱蒙特研究大学教育学教授，曾在初高中任教 14 年，是加利福尼亚州教育部非裔咨询委员会成员。她曾获得来自学生组织的多个奖项，并因其教学成就获得市民奖。2009 年，克莱蒙特研究大学授予她"杰出校友奖"。

参考文献

Chapter 1

Cross, Terry. (1989). *Toward a culturally competent system of care.* Washington, DC: Georgetown University Child Development Program, Child and Adolescent Service System Program.

Hord, Shirley M. (1997). *Professional learning communities: Communities of continuous inquiry and improvement.* Austin, TX: Southwest Educational Development Laboratory.

Hord, Shirley M., & Sommers, William L. (2008). *Leading professional learning communities: Voices from research and practice.* Thousand Oaks, CA: Corwin.

Lindsey, Delores, Martinez, Richard, & Lindsey, Randall. (2007). *Culturally proficient coaching.* Thousand Oaks, CA: Corwin.

Lindsey, Randall, Graham, Stephanie, Westphal, R. Chris, & Jew, Cynthia. (2008). *Culturally proficient inquiry: A lens for identifying and examining educational gaps.* Thousand Oaks, CA: Corwin.

Perie, Marianne, Moran, Rebecca, & Lutkus, Anthony D. (2005). *NAEP 2004 trends in academic progress: Three decades of student performance in reading and mathematics (NCES 2005–464).* U.S. Department of Education, Institute of Education Sciences, National Center for Education Statistics. Washington, D.C.: Government Printing Office.

Terrell, Raymond D., & Lindsey, Randall B. (2009). *Culturally proficient leadership: The personal journey begins within.* Thousand Oaks, CA: Corwin.

Wheatley, Margaret. (2001). *Disturb me, please!* Provo, Utah: Berkana Institute.

Chapter 2

Chapel Hill-Carrboro School District. (2004, July 19). *Chapel Hill-Carrboro School District achieves Adequate Yearly Progress (AYP) on national goals* (news release). Retrieved June 4, 2005, from http://www.chccs.k12.nc.us/news/news1.asp?ID=377

Chapel Hill-Carrboro School District. (2005). *District report card on African American and Latino student progress.* Chapel Hill, NC: Author.

DeCuir, J. T., & Dixson, A. D. (2004, June/July). "So when it comes out, they aren't that surprised that it is there": Using critical race theory as a tool of analysis of race and racism in education. *Educational Researcher,* pp. 26–31.

Delpit, L. (1995a). *Other people's children: Cultural conflict in the classroom.* New York: The New Press.

DuBois, W. E. B. (1996). *The souls of black folk.* New York: Random House. (Original work published 1903)
Henze, R., Katz, A., Norte, E., Sather, S., & Walker, E. (2002). *Leading for diversity: How school leaders promote interethnic relations.* Thousand Oaks, CA: Corwin.
Hilliard, A. (1995). Do we have the will to educate all children? In *The maroon within us: Selected essays on African American community socialization.* Baltimore, MD: Black Classic Press.
Johnson, R. (2002). *Using data to close the achievement gap.* Thousand Oaks, CA: Corwin.
Katz, J. H. (2003). *White awareness.* Norman: University of Oklahoma Press.
Lindsey, R. B., Nuri Robins, K., & Terrell, R. D. (2003). *Cultural proficiency: A manual for school leaders.* Thousand Oaks, CA: Corwin.
Pine, G., & Hilliard, A. (1990, April). Rx for racism: Imperatives for America's schools. *Phi Delta Kappan,* pp. 593–600.
Singham, M. (1998). The canary in the mine: The achievement gap between Black and White students. *Phi Delta Kappan, 80*(1), 9–15.
University of California. (1998, June 7). Study of 1995 SAT scores. *San Francisco Examiner.*
West, C. (2001). *Race matters.* Boston: Beacon Press.
Weissglass, J. (2001). Racism and the achievement gap. *Education Week, 20*(43), 49–50, 72.

Chapter 3

Ali, R. (2007). *Closing achievement and opportunity gaps in California: 12 steps for reform at the state and local levels.* Oakland, CA: Education Trust-West.
American Educational Research Association. (2000). AERA position statement on high-stakes testing in pre-K–12 education. *American Educational Research Association, 35*(6). Retrieved April 27, 2010, from http://www.aera.net/?id=378.
Artiles, A. J., Harry, B., Reschly, D. J., & Chinn, P. C. (2001). *Over-identification of students of color in special education: A critical overview.* Chicago: Monarch Center.
Association for Supervision and Curriculum Development. *Current position: Multiple measures of assessment.* Retrieved January 10, 2010, from http://www.ascd.org/news-media/ASCD-Policy-Positions/ASCD-Positions.aspx#multiplemeasures
Balfanz, R., & Legters, N. (2004). Locating the dropout crisis: Which high schools produce the nation's dropouts? In G. Orfield (Ed.), *Dropouts in America: Confronting the graduation rate crisis* (pp. 57–84). Cambridge, MA: Harvard Education Press.
Barton, P. E., & Coley, R. J. (2009). *Parsing the achievement gap: Policy information report.* Princeton, NJ: Policy and Evaluation Research Center, Educational Testing Service.
Checkley, K. (2004). A is for audacity: Lessons in leadership from Lorraine

Monroe. *Educational Leadership, 61*(7), 70–72.
Children's Defense Fund. (2007). *America's cradle to prison pipeline: A children's defense fund report*. Washington, DC: The Children's Defense Fund.
Delpit, L. D. (1988). The silenced dialogue: Power and the pedagogy in educating other people's children. *Harvard Educational Review, 58*, 280–298.
Editorial Projects in Education. (2009). Broader horizons: The challenge of college readiness for all students. *Education Week's Diplomas Count, 28*(34), 1–38.
Education Trust. (2009). *Education watch: National report*. Washington, DC: The Education Trust.
Ferguson, R. F. (2003). Teachers' perceptions and expectations and the black-white test score gap. *Urban Education, 38*(4), 460–507.
Flores-Gonzalez, N. (2002). *School kids/street kids*. New York: Teachers College Press.
Hilliard, III, A. (1991). Do we have the will to educate all children? *Educational Leadership, 49* (1), 31-66.
Johnson, R. S. (2002). *Using data to close the achievement gap: How to measure equity in our schools*. Thousand Oaks, CA: Corwin.
Johnson, R. S., & Bush V. L. (2006). Leading the culturally responsive school. In F. English (Ed.), *Sage Handbook of Educational Leadership* (pp. 121–148). Thousand Oaks, CA: Sage.
Losen, D. J., & Orfield, G. (Eds.). (2002). *Racial inequity in special education*. Cambridge, MA: Harvard Education Press.
McKinsey & Company. (2009). *The economic impact of the achievement gap in America's schools*. McKinsey & Company Social Sector Office, pp. 1–24. Retrieved April 19, 2010, from http://www.mckinsey.com/clientservice/Social_Sector/our_practices/Education/Knowledge_Highlights/Economic_impact.aspx.
New York Association of Community Organizations for Reform. (1996). *Secret apartheid*. New York: New York Association of Community Organizations for Reform.
Nichols, S. L., & Berliner, D. C. (2007). *Collateral damage: How high-stakes testing corrupts America's schools*. Cambridge, MA: Harvard Education Publishing Group.
No Child Left Behind (NCLB) Act of 2001, Pub. L. No. 107-110, § 115, Stat. 1425 (2002).
Noguera, P., & Wing, J. Y. (Eds.). (2006). *Unfinished business: Closing the racial achievement gap in our schools*. San Francisco: Jossey-Bass.
Orfield, G. (2004). *Dropouts in America: Confronting the graduation rate crisis*. Cambridge, MA: Harvard Education Press.
Ross, R. (1999). How class-size reduction harms kids in poor neighborhoods. *Education Week, 26*. Retrieved March 8, 2008, from http://www.edweek.org/ew/articles/1999/05/26/37ross.h18.html?r=2120571402.
Williams et al. v. State of California et al. (S.P. San Francisco County, 2000).

Chapter 4

Ballou, D., Sanders, W., & Wright, P. (2004). Controlling for student background in value-added assessment of teachers. *Journal of Educational and Behavioral Statistics, 29*(1), 37–65.

Berliner, D. C. (2001). Learning about and learning from expert teachers. *International Journal of Educational Research, 35*(5), 463–482.

Bock, R. D., & Wolfe, R. (1996). *A review and analysis of the Tennessee Value-Added Assessment System. Part I: Audit and review of the Tennessee Value-Added Assessment System (TVAAS): Final report.* Nashville, TN: Comptroller of the Treasury.

Cohen, D. K., & Hill, H. (2000). Instructional policy and classroom performance: The mathematics reform in California. *Teachers College Record, 102*(2): 294–343.

Cohen, D. K., & Hill, H. C. (2001). *Learning policy: When state education reform works.* New Haven, CT: Yale University Press.

Darling-Hammond, L. (1999). *Teacher quality and student achievement: A review of state policy evidence.* Seattle: Center for the Study of Teaching and Learning.

Doran, H. C., & Fleischman, S. (2005). Challenges of value-added assessment. *Educational Leadership, 63*(3), 85–87.

Ferguson, R. F. (1998). Teachers' perceptions and expectations and the Black-White test score gap. In C. Jencks & M. Phillips (Eds.), *The Black-White test score gap* (pp. 318–375). Washington, DC: Brookings Institution Press.

Fuller, E., & Berry, B. (2006). *Texas teacher quality data: Prospects and problems.* Hillsborough, NC: Center for Teaching Quality.

Heck, R. H. (2007). Examining the relationship between teacher quality as an organizational property of schools and students' achievement and growth rates. *Educational Administration Quarterly, 43*(4), 399–432.

Hill, H. C., Rowan, B., & Ball, D. L. (2005). Effects of teachers' mathematical knowledge for teaching on student achievement. *American Educational Research Journal, 42*(2), 371–406.

Ingersoll, R. M. (1999). The problem of underqualified teachers in American secondary schools. *Educational Researcher, 28*(2), 26–37.

Lankford, H., Loeb, S., & Wyckoff, J. (2002). Teacher sorting and the plight of urban schools: A descriptive analysis. *Educational Evaluation and Policy Analysis, 24*(1), 37–62.

McCaffrey, D. F., Lockwood, J., Koretz. D. M., Louis, T. A., & Hamilton, L. (2004). Models for value-added modeling of teacher effects. *Journal of Educational and Behavioral Statistics, 29*(1), 67–101.

Prince, C. D. (2002). *The challenge of attracting good teachers and principals to struggling schools.* Arlington, VA: American Association of School Administrators.

Raudenbush, S. W. (2004). What are value added models estimating and what does that imply for statistical practice? *Journal of Educational and Behavioral Statistics, 29*(1), 121–129.

Rice, J. K. (2003). *Teacher quality: Understanding the effectiveness of teacher attributes.* Washington, DC: Economic Policy Institute.

Rockoff, J. E. (2004). The impact of individual teachers on student achievement: Evidence from panel data. *American Economic Review, 94*(2), 247–252.

Rowan, B., Correnti, R., & Miller, R. J. (2002). What large-scale survey research tells us about teacher effects on student achievement: Insights from the Prospects Study of Elementary Schools. *Teachers College Record, 104,* 1525–1567.

Sanders, W. L., & Rivers, J. C. (1996). *Cumulative and residual effects of teachers on future student academic achievement.* Knoxville, TN: University of Tennessee Value-Added Research and Assessment Center.

Smith, T. M., Desimone, L. M., & Ueno, K. (2005). "Highly qualified" to do what? The relationship between NCLB teacher quality mandates and the use of reform-oriented instruction in middle school mathematics. *Educational Evaluation and Policy Analysis, 29*(3), 169–199.

Chapter 5

Atwell, Nancie. (1998). *In the middle: New understandings about writing, reading, and learning.* Portsmouth, NH: Heinemann-Boynton/Cook.

Bishop, John. (2003). *Goal setting for students.* St. Louis, MO: Accent on Success.

Graves, Donald H. (1989). *Experiment with fiction.* Portsmouth, NH: Heinemann.

Gregory, Gayle, & Chapman, Carolyn. (2002). *Differentiated instructional strategies: One size doesn't fit all.* Thousand Oaks, CA: Corwin.

Jensen, Eric. (1998). *Teaching with the brain in mind.* Alexandria, VA: ASCD.

Marzano, Robert. (2003). *Classroom management that works.* Alexandria, VA: ASCD.

Marzano, Robert. (2004). *Building background knowledge for academic achievement.* Alexandria, VA: ASCD.

McEwan, Elaine K. (2002). *Ten traits of highly effective teachers: How to hire, coach, and mentor successful teachers.* Thousand Oaks, CA: Corwin.

Silver, H. F., Strong, R. W., & Perini, M. J. (2000). *So each may learn: Integrating learning styles and multiple intelligences.* Alexandria, VA: ASCD.

Sousa, David. (2001). *How the brain learns.* Thousand Oaks, CA: Corwin.

Tate, Marcia L. (2003). *Worksheets don't grow dendrites: Instructional strategies that engage the brain.* Thousand Oaks, CA: Corwin.

Tate, Marcia L. (2004). *"Sit and get" won't grow dendrites: 20 professional learning strategies that engage the adult brain.* Thousand Oaks, CA: Corwin.

Tileston, Donna Walker. (2004). *What every teacher should know about diverse learners.* Thousand Oaks, CA: Corwin.

Tomlinson, Carol Ann. (2003). *Fulfilling the promise of the differentiated classroom: Strategies and tools for responsive teaching.* Alexandria, VA: ASCD.

Wiggins, Grant, & McTighe, Jay. (1998). *Understanding by design.* Alexandria, VA: ASCD.

Chapter 6

Boger, J. C., & Orfield, G. (2005). *School resegregation: Must the South turn back?* Chapel Hill: University of North Carolina Press.

Carter, P. (2005). *Keepin' it real: School success beyond black and white.* New York:

Oxford University Press.

Cooper, C. W. (2003). The detrimental impact of teacher bias: Lessons learned from the standpoint of African American mother. *Teacher Education Quarterly, 30*(2), 101–116.

Delpit, L. (1996). *Other people's children: Cultural conflict in the classroom.* New York: New Press.

Dilworth, M., & Brown, A. (2008). Teachers of color: Quality and effective teachers one way or another. In M. Cochran-Smith, S. Feiman-Nemser, D. J. McIntyre, & K. Demers (Eds.), *Handbook of research on teacher education: Enduring question in changing contexts* (3rd ed., pp. 424–444). New York: Routledge.

Du Bois, W. E. B. (1994). *The souls of Black folk.* Avenel, NJ: Gramercy Books.

Eck, D. (1997). *A new religious America: How a "Christian country" has become the world's most religiously diverse nation.* San Francisco: Harper.

Foucault, M. (1977). *Discipline and punish: The birth of the prison* (A. Sheridan, Trans.). New York: Random House.

Friedman, T. L. (2006). *The world is flat.* New York: Farrar, Straus & Giroux.

Fultz, M. (1995). African American teachers in the south, 1890–1940: Powerlessness and the ironies of expectations and protest. *History of Education Quarterly, 35*(4), 401–422.

Gay, G. (1993). Building cultural bridges: A bold proposal for teacher education. *Education and Urban Society, 25*(3), 285–299.

Hanushek, E. A., Lavy. V., & Kohtaru, H. (2008). Do students care about school quality? Determinants of dropout behavior in developing countries. *Journal of Human Capital, 2*(1). Retrieved June 7, 2008, from http://www.journals.uchicago.edu/doi/abs/10.1086/529446

Irvine, J. I. (2001). *Caring, competent teachers in complex classrooms* (41st Charles W. Hunt Memorial Lecture). Washington, DC: American Association of Colleges for Teacher Education.

Ladson-Billings, G. J. (1995). Toward a theory of culturally relevant pedagogy. *American Education Research Journal, 35*, 465–491.

Liu, W. M., & Pope-Davis, D. B. (2003). Moving from diversity to multiculturalism: Exploring power and its implications for multicultural competence. In D. B. Pope-Davis, H. L. K. Coleman, W. M. Liu, & R. L. Toporek (Eds.), *Handbook of multicultural competencies in counseling & psychology* (pp. 90–102). Thousand Oaks, CA: Sage.

Orfield, G., & Yun, J. (1999). *Resegregation in American schools.* Cambridge, MA: Harvard University, Civil Rights Project.

Thompson, J. (1984). *Studies in theory of ideology.* Cambridge, UK: Polity Press.

Chapter 7

U.S. Department of Education, Institute of Education Sciences. (n.d.). *Digest of education statistics: 2007. Table 68. Teachers' perceptions about serious problems in their schools, by control and level of school: 1993–94, 1999–2000, and 2003–04.*

National Center of Education Statistics. Retrieved February 25, 2009, from http://nces.ed.gov/programs/digest/d07/tables/dt07_068.asp

U.S Department of Education, Institute of Education Sciences. (n.d.). *Schools and staffing survey (SASS). Table 4. Percentage of 2004–05 public school teacher stayers, movers, and leavers who strongly or somewhat agreed with statements about their 2003–04 base year school and 2004–05 current school.* National Center for Education Statistics. Retrieved February 25, 2009, from http://nces.ed.gov/surveys/sass/tables/tfs_2005_04.asp

U.S. Department of Education, Institute of Education Sciences. (n.d.). *Digest of education statistics: 2007. Table 153. The number and percentage of students suspended from U.S. public elementary and secondary schools in 2004 by sex, race/ethnicity and state.* National Center for Education Statistics. Retrieved October 18, 2008, from http://nces.ed.gov/programs/digest/d07/tables/dt07_153.asp

U.S. Department of Education, Institute of Education Sciences. (n.d.). *Digest of education statistics: 2007. Table 152. The number and percentage of students expelled from public elementary and secondary schools in 2004 by sex, race/ethnicity and state: 2004.* National Center for Education Statistics. Retrieved October 18, 2008, from http://nces.ed.gov/programs/digest/d07/tables/dt07_152.asp

Thompson, G. L. (2004). *Through ebony eyes: What teachers need to know but are afraid to ask about African American students.* San Francisco: Jossey Bass.

U.S. Department of Education, Institute of Education Sciences. *Indicators of school crime and safety: 2007. Table 12.1 Percentage of public and private school teachers who agreed or strongly agreed that student misbehavior and student tardiness and class cutting interfered with their teaching, by selected teacher and school characteristics: Various school years, 1987–88 through 2003–04.* National Center for Education Statistics. Retrieved October 18, 2008, from http://nces.ed.gov/programs/crimeindicators/crimeindicators2007/tables/table_12_1.asp?referrer=report

Kunjufu, J. (1990). *Countering the conspiracy to destroy black boys* (Vols. 1–3). Chicago: African American Images; Kunjufu, J. (2005). *Keeping black boys out of special education.* Chicago: African American Images.

Thompson, G. L. (2007). *Up where we belong: Helping African American and Latino students rise in school and in life.* San Francisco: Jossey Bass.

Delpit, L. (1995). *Other people's children: Cultural conflict in the classroom.* New York: The New Press.

Ferguson, A. A. (2001). *Bad boys: Public schools in the making of black masculinity.* Ann Arbor: University of Michigan Press.

Thompson, G. L. (2001). *African American teens discuss their schooling experiences.* Westport, CT: Bergin & Garvey.

Stone, J. (2007). *When she was white: The true story of a family divided by race.* New York: Miramax Books.

Chapter 8

Delgado Gaitan, C. (2004). *Involving Latino families in the schools.* Thousand Oaks, CA: Corwin.

Epstein, J. L., & Sanders, M. G. (2002). Family, school, and community partnerships. In M. Bornstein (Ed.), *Handbook of parenting* (2nd ed.). Mahwah, NJ: Lawrence Erlbaum.

Epstein, J. L., Sanders, M. G., Simon, B. S., Salinas, K. C., Jansorn, N. R., & VanVoorhis, F. L. (2002). *School, family, and community partnerships: Your handbook for action.* Thousand Oaks, CA: Corwin.

Hernández, H. (1997). *Teaching in multilingual classrooms. A teacher's guide to context, process, and content.* Columbus, OH: Merrill.

Lareau, A., & Shumar, W. (1996). The problems of individualism in family-school policies. *Sociology of Education* (Extra issue), 24–39.

Robins, K., Lindsey, R., Lindsey, D., & Terrell, R. (2002). *Culturally proficient instruction: A guide for people who teach.* Thousand Oaks, CA: Corwin.

Chapter 9

Gadamer, Hans-Georg. (1991). *Truth and method* (2nd ed.). (J. Weinsheimer & Marshall, D., Trans.). New York: Crossroad.

Kempis, Thomas. (1980). *The imitation of Christ.* Chicago: Moody Press.

King, Martin Luther, Jr. (Speaker). (1998). *A knock at midnight: Inspiration from the great sermons of Reverend Martin Luther King, Jr.* (Cassette recording). New York: Time Warner Audio Books.

King, Martin Luther Jr. (1963, April 16). *Letter from a Birmingham Jail.* Atlanta, GA: The King Center. Retrieved June 10, 2009, from http://coursesa.matrix.msu.edu/~hst306/documents/letter.html

Low, W. Augustus, & Clift, Virgil A. (Eds.). (1981). *Encyclopedia of black America.* New York: McGraw-Hill.

图书在版编目（CIP）数据

教育公平／（美）林赛等著；卢立涛，刘小娟，高峰译．—上海：华东师范大学出版社，2015

ISBN 978 – 7 – 5675 – 3624 – 1

Ⅰ.①教… Ⅱ.①林… ②卢… ③刘… ④高… Ⅲ.①教育制度—研究 Ⅳ.① G512

中国版本图书馆 CIP 数据核字（2015）第 110577 号

大夏书系·西方教育前沿

教育公平

著　　者	兰德尔·林赛 等
译　　者	卢立涛　刘小娟　高　峰
策划编辑	李永梅
审读编辑	张思扬
封面设计	奇文云海·设计顾问
出版发行	华东师范大学出版社
社　　址	上海市中山北路 3663 号　邮编　200062
网　　址	www.ecnupress.com.cn
电　　话	021 – 60821666　行政传真　021 – 62572105
客服电话	021 – 62865537
邮购电话	021 – 62869887　地址　上海市中山北路 3663 号华东师范大学校内先锋路口
网　　店	http://hdsdcbs.tmall.com
印 刷 者	北京密兴印刷有限公司
开　　本	700×1000　16 开
插　　页	1
印　　张	13
字　　数	190 千字
版　　次	2015 年 6 月第一版
印　　次	2018年1月第三次
印　　数	9 101-12 100
书　　号	ISBN 978 – 7 – 5675 – 3624 – 1/G · 8345
定　　价	35.00 元
出版人	王　焰

（如发现本版图书有印订质量问题，请寄回本社市场部调换或电话 021-62865537 联系）